Proibida a reprodução total ou parcial em qualquer mídia
sem a autorização escrita da editora.
Os infratores estão sujeitos às penas da lei.

A Editora não é responsável pelo conteúdo da Obra,
com o qual não necessariamente concorda.
O Autor conhece os fatos narrados, pelos quais é responsável,
assim como se responsabiliza pelos juízos emitidos.

Consulte nosso catálogo completo e últimos lançamentos
em **www.editoracontexto.com.br**

Fotos:

Sidney Garambone

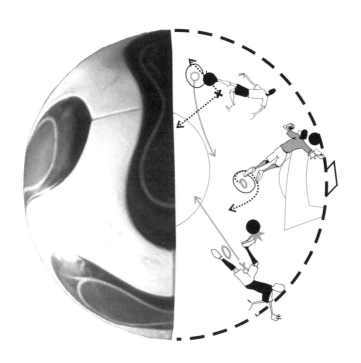

OS **11** MAIORES
VOLANTES
DO FUTEBOL
BRASILEIRO

Copyright © 2010 Do autor
Todos os direitos desta edição reservados à
Editora Contexto (Editora Pinsky Ltda.)

Capa, projeto gráfico e diagramação
Sergio Kon/A Máquina de Ideias

Preparação de textos
Adriana Teixeira

Revisão
Flávia Portellada

Dados Internacionais de Catalogação na Publicação (CIP)
(Câmara Brasileira do Livro, SP, Brasil)

Garambone, Sidney
    Os 11 maiores volantes do futebol brasileiro /Sidney Garambone.
    — São Paulo : Contexto, 2010.

    Bibliografia.
    ISBN 978-85-7244-470-5

    1. Futebol - Brasil - História 2. Jogadores de futebol - Brasil I.
Título.

10-01168   CDD-796.33426092

Índices para catálogo sistemático:

1. Brasil : Jogadores de futebol : Esporte
796.33426092

2010

EDITORA CONTEXTO
Diretor editorial
Jaime Pinsky

Rua Dr. José Elias, 520 – Alto da Lapa
05083-030 – São Paulo – SP
PABX: (11) 3832 5838
contexto@editoracontexto.com.br
www.editoracontexto.com.br

*Ao meu pai, Sidney, que me levou
pela primeira vez a um estádio de futebol.*

*Às minhas filhas, Alice e Raphaela, que foram levadas
por mim pela primeira vez a um estádio de futebol.*

Sumário

11   Apresentação

15   **CAPÍTULO 1**   Danilo Alvim:
o Príncipe pioneiro

Entrevista: Zagallo

37   **CAPÍTULO 2**   Zito: o sexto atacante
do Santos

Entrevista: Pepe

59   **CAPÍTULO 3**   Dino Sani: craque no Brasil,
Argentina e Europa

Entrevista: Zito

81   **CAPÍTULO 4**   Dudu: o pilar
da Academia palmeirense

Entrevista: Leão

103   **CAPÍTULO 5**   Piazza: eterno capitão
do Cruzeiro

Entrevista: Raul Plassmann

125   **CAPÍTULO 6**   Andrade: o maior Flamengo
de todos os tempos

Entrevista: Zico

147 **CAPÍTULO 7** Clodoaldo: de menino humilde a monstro sagrado

Entrevista: Rivellino

169 **CAPÍTULO 8** Toninho Cerezo: o volante que revolucionou a posição

Entrevista: Júnior

191 **CAPÍTULO 9** Dunga: capitão do tetra

Entrevista: Taffarel

213 **CAPÍTULO 10** Falcão: o Pelé dos volantes

Entrevista: Paulo César Carpegiani

235 **CAPÍTULO 11** Homenagem aos brucutus

Entrevista: Zé do Carmo

253 Bibliografia
255 O autor

Apresentação

Não se deixe levar. Não pense sem refletir. Há quem diga: seria tão chique fazer os 11 melhores goleadores. Outro emendaria: nobre mesmo é escrever sobre os 11 melhores camisas 10. E o terceiro, sonhador, decretaria: poético descrever os 11 melhores goleiros do futebol brasileiro. Doces equívocos.Quando saiu a lista dos convocados, saí socando o ar, tal qual um rei negro. A sorte e o destino sorriram para mim. Coube-me o volante. O mais indispensável dos 11 jogadores. Pois há um punhado de décadas atrás, quando não havia nem homem na Lua nem internet, o volante era o astro do time. A camisa 5, a mais valiosa. A base, o pilar, a alma de todos os times. Mas volante é nome novo, que veio para substituir o pejorativo cabeça de área, tão perto foneticamente do cabeça de bagre. Aliás, o cabeça de área substituiu o velho centro-médio. Velho? No futebol rodrigueano, o jogador que se postava imponente à frente da zaga, passando a bola para os craques resolverem lá na frente, chamava-se *center half*. E não adianta pronunciar em inglês. A torcida que ia de chapéu aos estádios dizia "center alf". Porém, por que volante? Há três explicações para o nome. Imagine-se num helicóptero, sobrevoando um jogo de futebol. Sob as balizas, o goleiro. À frente dele, o lateral-direito, ou ala-direito, os dois zagueiros e o lateral-esquerdo, ou ala-esquerda. É a base de qualquer time, salvo o gosto de alguns treinadores, que optam por escalar três zagueiros. Alguns metros adiante, eis o volante. Responsável pela primeira marcação aos atacantes adversários, e culpado pela cobertura dos alas, que a cada dia vão-se embora mais cedo e por mais tempo para o campo inimigo. Como o volante tem que cobrir um canto, o meio e o outro canto, é fácil imaginar este movimento circular, da direita para a esquerda, na frente da grande área. Como um volante de automóvel.

Gostou? Não? Vamos à outra. De 1938 a 1943, no Flamengo, atuou um jogador argentino que fazia esta função muito bem. E com a característica raça portenha, marcava o ataque adversário com apetite de carne vermelha. O nome dele era Carlos Martin Volante. Pouco a pouco, Volante batizaria a própria posição em que jogava, assim como Chiclete e Gillete tornaram-se marcas referência de seus produtos. Volante foi o primeiro volante. E o decano jornalista Luis Mendes, que teve a honra de ver jogar nos anos 1930 o *center half* Fausto, a Maravilha Negra, garante que essa é a versão exata da origem da posição. Gostou? Não? Eis a terceira. A terceira opção é a de que ninguém sabe mesmo por que diabos a posição, que evoluiu tanto taticamente, mudou à beça de nome. Os gaiatos garantem que, como o futebol moderno utiliza dois volantes, o de contenção e o de armação, e em alguns casos, até três, dependendo do gosto do técnico, chegou-se à conclusão que o emprego do plural seria mais fácil com a palavra volante. Três *center halfs*... Dois cabeças de área... Embolaria muito a cuca da crônica esportiva. Consultado sobre o assunto, o jornalista João Luís Albuquerque, veterano de estádios e Copas, responde com sua verve peculiar:

– Volante é guidom para quem juntava figurinha e colava no álbum na ordem do *goalkeeper*; beques e *halfs*; pontas, meias e *center forward*. Daí, até hoje, não sei direito o que é um volante. Os de hoje não existem só para destruir e fazer da canela o lugar de onde nascem todos aqueles passes sem direção?

Folclore e histórias à parte, o que importa aqui é listarmos os 11 melhores volantes do futebol brasileiro. E como se apura tão polêmica lista? Conversando com torcedores jovens e velhos, consultando jornalistas, pesquisando na literatura futebolística e seguindo o coração. Este último quesito o mais confiável. Afinal, certos craques aqui presentes não são motivo de controvérsia e polêmica, pelo contrário, são os primeiros a sair da boca de qualquer entrevistado. Falcão e Zito. Nenhum grita. Dino Sani e Danilo Alvim. "É mesmo, como pude esquecer!", disseram alguns membros do colégio eleitoral. Clodoaldo? Claro!

Faltam seis. De preferência com estilos diferentes, pois senão teríamos 11 perfis semelhantes. Esse, inclusive, é um dos objetivos do livro. Traçar um painel técnico e tático de uma posição tão fundamental para qualquer time. O volante é o pilar, o pino que faz o pião girar. Dizem, não consegui provar, que na mitologia grega, Atlas, aquele que segura o mundo há tanto tempo, seria o primeiro volante de todos

APRESENTAÇÃO

os tempos. Aguentando a barra lá embaixo, enquanto o resto apronta pelo globo terrestre acima.

Falcão, Zito, Dino Sani, Danilo Alvim e Clodoaldo. Não vamos colocar Dudu? Mas o Dudu não era tão técnico, dizem alguns. Engano deles. E se não fosse? Dudu aprovado. Anos 1980, Cerezo e Andrade. Unanimidades. Apesar de um ou outro torcerem o nariz para Cerezo, só por causa de um lance, um lance dentro de uma carreira genial. Aquele mesmo, o que originou o segundo gol da Itália numa das partidas mais traumáticas da seleção brasileira, aquela mesma, da derrota na Copa de 1982 por 3 a 2, gol do *maledetto* Paolo Rossi.

Faltam três. Minas Gerais precisa colaborar. Piazza! Claro, confirmam alguns. Sei não, duvidam outros. Dunga! Dunga não! Dunga sim! Um exemplo de volta por cima. Só sabia dar carrinho. Fez duas Copas excelentes, 1994 e 1998. E uma horrível, 1990! Da lista, é o único volante a ter levantando uma taça de Copa do Mundo como capitão. Então, deixa ele que a gente explica depois. Para terminar, sejamos heterodoxos. Um capítulo dedicado a um apelido. Homenagem aos brucutus. Xingados, ironizados, crucificados, os brucutus ganharam esse nome por serem jogadores especializados na destruição das jogadas alheias, os famosos estraga prazeres, uns chatos de galocha que ficavam atrás dos grandes craques, infernizando a vida deles. Homens que doavam o sangue, e só o sangue, para que os habilidosos ganhassem a fama, as manchetes e os holofotes. E que também merecem nosso respeito. Mas está faltando gente aí nessa lista... Carpegiani? Era craque, mas não exatamente um volante... Zé Carlos? Muito elogiado, por pouco, muito pouco, não entrou na lista... Pintinho? Carlinhos Violino? Denílson? Batista? Zequinha? Dequinha? Fiume? Brandãozinho? Roberto Belangero?

Reparou? Outros 11 jogadores. Um time reserva ou um time adversário? As páginas seguintes se encarregarão de responder. E de citá-los sempre, com todo o respeito, admiração e gratidão. O saldo é um mergulho delicioso nas histórias eternas do melhor futebol do mundo, através de seus protagonistas.

CAPÍTULO 1
DANILO ALVIM

Plebeu foi atropelado por um carro no início da carreira, quebrando a perna direita em 39 lugares. Mas deu a volta por cima e virou o Príncipe Danilo, soberano dos *center-halfs*.

Edite Faria e Alcídio Alvim tomaram um susto daqueles em 1941. Era uma noite quente no Rio. Estavam descansando em casa, revezando-se entre o rádio, a leitura de algum folhetim e uma boa prosa. De repente, bateram na porta. Era a vizinhança procurando o casal para dar uma notícia terrível. O filho Danilo acabara de dar entrada no hospital, vítima de atropelamento. A primeira reação foi uma pequena discussão entre marido e mulher. Por que diabos haviam deixado o rapaz sair com os amigos para comemorar a repentina convocação para a seleção carioca? Onde estavam com a cabeça para liberar Danilinho e aquele monte de amigos para irem à Lapa? "Mas ele estava tão feliz, como negar?", concordaram os dois.

O dia estava terminando fatídico. Logo esse dia, que começara de maneira tão feliz. Danilo estava ansioso e não escondeu isso de ninguém desde as primeiras horas da manhã. Era jogador amador do América Futebol Clube e disputaria uma partida no campo do clube, na rua Campos Sales, no Andaraí, zona norte do Rio de Janeiro. Não seria uma partida qualquer. A seleção carioca andava fazendo amistosos pela cidade e escolhera o tradicional América para jogar contra. Com poucos minutos em campo, o filho de Edite e Alcídio chamou a atenção do consagrado treinador Flávio Costa, do selecionado do Rio de Janeiro. Magro e alto, com um toque de bola refinado e uma postura ereta impressionante, Danilo mostrou seu repertório de belas jogadas e sua capacidade de orientar e posicionar os companheiros. Elegante, conduzia a bola com simplicidade e não dava botinadas ao léu. No time do Rio, uma baixa. O *center-half* Rui estava machucado, o que fez Flávio Costa ter uma ideia repentina. Num misto de intuição e sabedoria, as mesmas que o fizeram escalar no Flamengo Zizinho no lugar de Leônidas da Silva, dois anos antes, o treinador chamou Danilo num canto e o convidou para fazer parte da seleção. Era para seguir naquela noite mesmo para a concentração.

OS 11 MAIORES VOLANTES DO FUTEBOL BRASILEIRO

Acidente quase encerra sua carreira

Os tempos eram outros. Mesmo exultante, Danilo disse a Flávio que precisava consultar os pais. Foi para casa excitado, imaginando-se já trocando passes com as feras da época, como Tim e Domingos da Guia. Adentrou a casa voando, esbaforido, contando a novidade. Não só teve a aprovação imediata, como obteve a permissão para celebrar a boa nova com os amigos, na Lapa, reduto boêmio da Cidade Maravilhosa. Divertiu-se, comemorou e quando resolveu voltar para casa, foi vítima da própria imprudência juvenil. Ao atravessar uma rua, ouviu a freada, não conseguiu escapar e foi atropelado por um automóvel. Quebrou a perna em 39 lugares. Parecia ser o fim de uma carreira que nem sequer começara direito.

Foram dois anos de muita paciência e recuperação. Na cama, apesar dos cuidados e mimos de dona Edite, Danilo morria de saudades da bola. Lembrava dos treinos, da camisa do América e dos tempos em que serviu ao Exército em Niterói. Lá, também jogava bola. Lá, conheceu um certo Thomaz Soares da Silva, nascido no mesmo ano e também apaixonado por futebol. Era Zizinho. Tornaram-se amigos na dura rotina do quartel e por pouco não fizeram dupla no meio-campo do América. O meia-direita Zizinho simplesmente foi reprovado nas peneiras do clube tijucano. Porém, meses depois, Danilo acompanhava pelos jornais o sucesso do camarada no Flamengo. Enquanto Zizinho ia virando Mestre Ziza nos gramados, Danilo Faria Alvim ia mofando em cima de uma cama ou ao lado de um par de muletas.

Persistente, cheio de personalidade, capaz de abolir o Faria do nome por não suportar as gozações desde os tempos da escola ("Danilo faria, mas não faz... Danilo faria ou fará ainda?"), Danilo Alvim tudo aguentou até poder voltar a jogar futebol, no querido América, em 1942. Seu retorno foi em alto nível: rapidamente tornou-se titular, apesar de esconder de todos a falta de flexibilidade da perna direita. Não conseguia dobrá-la totalmente, mudando assim seu jeito de correr para poder adaptar-se. Ninguém notou.

Em 1943, passou uma temporada exilado no Canto do Rio, em Niterói, por birra do então treinador do time vermelho, Gentil Cardoso. Foi melhor assim. Desde os tempos do quartel, a cidade do outro lado da Baía de Guanabara representava para Danilo felicidade e bons momentos. Fez um campeonato excelente e voltou rapidamente à seleção carioca, desta vez para jogar, e, finalmente, ao lado de Zizinho. Sua determinação e perseverança chamavam a atenção da torcida carioca. Os dirigentes americanos perceberam a burrada e o chamaram de volta ao América, para alegria de dois irmãos moradores da Tijuca. O caçula se tornaria lendário no futebol. Fernando Henrique e o pequeno Mário Jorge que, aos 10 anos, adorava excursionar pelos estádios da cidade com o pai, conselheiro do clube, atrás do seu ídolo: o Príncipe Danilo.

O Príncipe e o Formiguinha

Fernando, parceiro de diversão e fiel companheiro do jogador, preferia os momentos de folga do amigo Danilo, quando podiam passar a noite jogando sinuca no café da esquina das ruas Afonso Pena com Mariz e Barros, no bairro da Tijuca, zona norte do Rio. Nessas pequenas farras, o menino Mário Jorge não ia. Porém, o tal destino parece ter uma predileção para construir coincidências, especialmente no mundo do futebol. Esse mesmo menino Mário Jorge cresceu, foi treinar no juvenil do América, passou a usar o sobrenome como nome de guerra, transferiu-se para o Flamengo e, anos mais tarde, depois de conquistar duas Copas do Mundo, foi treinado por Danilo Alvim no Botafogo. O conto de fadas tinha seu final feliz, com o Príncipe encontrando Zagallo (Mário Jorge Lobo Zagallo), já célebre como o Formiguinha, por jogar de forma rápida, ágil, indo ao ataque e voltando, e ainda ajudando na defesa.

– Danilo brilhou no Vasco e na seleção brasileira, mas era príncipe desde os tempos do América. Eu e meu pai o seguíamos aonde quer que ele fosse jogar; em Figueira de Melo, que era o campo do São Cristóvão, ou nas Laranjeiras. Íamos também à Gávea, e até mesmo a Teixeira de Castro, no campo do Bonsucesso – relembra Zagallo.

A Segunda Guerra Mundial acabara em 1945. Um ano marcante para o mundo e ainda mais para Danilo Alvim. Aos 24 anos de idade, foi contratado pelo poderoso Vasco da Gama, com o América ganhando 90 contos de réis pela transação e o Príncipe embolsando um salário mensal de dois contos. Em São Januário, juntou-se a monstros consagrados do futebol brasileiro, forjando com eles um dos maiores times da história do Vasco e do Brasil. O Expresso da Vitória. Barbosa, Ademir, Eli, Ipojucan, Maneca, Chico, Jair e Tesourinha eram alguns dos companheiros que teria a partir de 1945.

Brilhou no Vasco durante oito anos.

Luís Mendes, lenda viva dos comentaristas esportivos e atuante até hoje, atesta a qualidade de Danilo.

– Ele era um *center-half* extraordinário, supertécnico e podia se dedicar também a armação, pois contava com a ajuda de Ely, do Amparo. Faziam uma dupla moderna. O volante de contenção e o segundo-volante, como chamam hoje.

E na seleção, Mendes?

– Aí quem fazia esse papel maior de marcador era o Bauer. Mas Danilo também era muito bom na antecipação, tinha um passe perfeito, um colosso de jogador, famosíssimo na época. Tanto no Vasco quanto na seleção, usava sua habilidade para lançar Ademir, que fez muitos gols graças a esta jogada.

Danilo atuou em 305 partidas, fez 11 gols, conquistou quatro campeonatos cariocas e participou da primeira conquista internacional histórica de um clube brasileiro. O Campeonato Sul-Americano de times, em 1948, hoje reconhecido pela Confederação Sul-Americana como a Taça Libertadores da época.

Em campo, o Príncipe encantava a plateia de todo o Brasil pela forma nobre de conduzir a bola. Diz a lenda que era o único jogador em atividade capaz de matar a bola com o bico da chuteira. Possuía um estilo único e ao mesmo tempo clássico de jogar. Foi uma espécie de pioneiro e visionário de uma posição que era o coração do time. Jogava com firmeza, dando segurança e apoio para os craques do meio para a frente criarem, sem a necessidade de marcar. Um *center-half*, já sendo chamado pelos brasilianistas de centromédio, digno do nome da função. E já ensaiando, para as gerações futuras de súditos, algumas chegadas fatais ao ataque. Numa delas, jogando pela seleção na estreia do goleiro Barbosa, fez o quarto gol da goleada por 5 a 1 em cima do Uruguai, que havia marcado o primeiro gol com Castro, mas não resistiu aos brasileiros: Barbosa, Augusto e Wilson, Ely, Noronha e Danilo, Simão, Zizinho, Octávio, Jair Rosa Pinto e Tesourinha.

Mas o Príncipe também tinha seus dias de plebeu. Numa partida contra a Argentina, pelo Sul-Americano de 1946, envolveu-se numa briga generalizada entre os jogadores e esqueceu a nobreza para distribuir sopapos e pontapés. Pelo Vasco, travou duelos técnicos maravilhosos contra Zizinho, então no Flamengo. Era talento contra talento. Elegância versus elegância. Só que, numa partida dessas, o tal duelo maravilhoso deu lugar à intolerância e, por causa de uma disputa de bola besta, os dois amigos brigaram em campo. Apesar de maduro, Danilo teve que ouvir do pai, um corretor de imóveis apaixonado por futebol, uma lição de moral que jamais esqueceu. "O futebol é a arte dos craques. E, em nome dessa arte, um verdadeiro craque jamais estranha outro craque", disse o rei Alcídio.

Ainda bem que essas pancadarias isoladas não ficaram para a história. Muito mais antológica foi a participação de Danilo numa das partidas mais marcantes do Vasco da Gama e do futebol brasileiro.

Brilhou na "partida do século"

O ano era 1949.
O mês, maio.

A noite, uma quarta-feira.

O estádio, São Januário.

Do outro lado do campo, o adversário: o poderoso Arsenal, da Inglaterra.

O time inglês tinha muita história para contar. Vários campeonatos nacionais conquistados, fama internacional e um retrospecto avassalador em terras brasileiras, onde fazia sua primeira excursão, inaugurando uma série de passeios de times de primeira linha na Europa por terras tropicais.

Logo depois de desembarcarem do voo Londres-Rio, os jogadores ingleses foram visitar o Fluminense, no tradicional estádio das Laranjeiras. O Maracanã, em construção, ainda era um monstro assustador de vigas e concreto. Não tomaram conhecimento da fama do tricolor carioca, um dos maiores vencedores da primeira metade do século, e lascaram um definitivo 5 a 1. Receberam as flâmulas dos envergonhados cariocas e rumaram a São Paulo, para enfrentar os mais poderosos times locais de então, Palmeiras e Corinthians. Contra o Palestra, fizeram 1 a 0, mas cederam o empate no segundo tempo. Era a vez do Corinthians medir forças com a escola inglesa. Não conseguiu. Depois de um 0 a 0 enganador no primeiro tempo, o Arsenal se impôs, fez 2 a 0 e voltou para o Rio de Janeiro com a certeza de que os inventores do futebol retornariam para a Europa invictos e pimpões.

Entretanto, faltava um jogo.

A última esperança brasileira.

O Expresso da Vitória.

Jornais da época não se furtaram de chamar o embate de "a partida do século". É importante ressaltar que, à espera da década de 1950, o mundo do futebol não tinha torneios intercontinentais como hoje. Excursões de clubes eram eventos únicos e importantíssimos. Amistosos ganhavam contornos de encontros históricos. E por isso, Vasco x Arsenal virara o assunto das esquinas, não só do Rio, mas também do Brasil que amava o futebol.

Figurões da política disputavam convites, as filas para a compra de entradas eram enormes, os cambistas, praga que existe desde a invenção do ingresso, faziam a festa e lucravam sem dó. O público e a renda foram recordes nacionais. Simplesmente 60 mil pessoas pagaram 1 milhão e 146 mil cruzeiros para assistir Melhor das Américas x Melhor do Reino Unido. E para apimentar ainda mais o confronto, a diretoria vascaína anunciou a semana toda que Heleno de Freitas, ele mesmo, o galã conhecido como Gilda, o ídolo, o menino problema do futebol brasileiro, enfim, estrearia com a camisa cruz-maltina depois de uma temporada fracassada no argentino Boca Juniors.

Pouco antes das nove da noite, o trio de arbitragem entra em campo. Mario Vianna era um dos bandeirinhas. O outro era Alberto da Gama. E o juiz, o inglês John Barrick. Ladeando os homens de preto, os dois escretes emergiram dos vestiários, escalados por Flávio Costa e Tom Whittaker.

Arsenal: Swindin, Barnes, Smith; Macaulay, Daniel, Forbes; McPherson, Logie, Rooke, Lishman e Vallance.

Vasco: Barbosa, Augusto, Sampaio; Ely, Danilo, Jorge; Nestor, Maneca, Ademir Menezes, Ipojucan e Tuta.

Após as fidalguias de praxe, começa o jogo. O primeiro tempo é equilibrado. Barbosa brilha com defesas importantes. Ademir, o Queixada, perde duas boas oportunidades. Danilo Alvim, com o número 5 pregado nas costas, mostra-se seguro e imponente, contendo o ímpeto adversário e impedindo a troca de bolas do ataque inglês, além de aliviar vários cruzamentos subindo mais alto que os rivais. A torcida observa, torce desesperada, mas o placar virgem dava indícios de que os malditos ingleses voltariam para casa sem derrota.

Heleno, impaciente, quica no banco de reservas, louco para entrar. Os poucos torcedores do Botafogo, que foram a São Januário matar as saudades do velho ídolo, também esperavam sua entrada em campo a qualquer momento.

Vem o segundo tempo.

Danilo manda os companheiros avançarem. O receio de um contra-ataque inglês permeava o pensamento de Ademir e Ipojucan. Danilo insiste que ali atrás quem mandava era ele. O técnico Flávio Costa percebe que o momento é aquele. Tira Tuta e põe Mário. Saca Ipojucan e manda Heleno de Freitas entrar. A turba enlouquece, pois desde a volta do intervalo gritava o nome de Gilda. O Vasco parte enfurecido e destemido para cima do Arsenal. O canhão, presente no escudo do time inglês, parecia representar os brasileiros.

As oportunidades vão sendo perdidas. Seja por chutes sem calibre ou pela segurança do arqueiro Swindin. O tempo vai passando. Danilo praticamente passa o jogo no grande círculo, garantindo a retaguarda e incentivando os companheiros.

Aos 33 minutos, mais um desarme de Danilo Alvim, que toca a bola para a frente. Mário a recolhe na ponta esquerda e avança rumo a linha de fundo. Pensa em chutar, pensa em driblar, mas resolve arriscar o cruzamento, apesar da zaga inglesa ser especialista nesse tipo de jogada. Inteligentemente, o ponta bate bem por baixo da bola, que vai para a área mais alta do que a habitual. O zagueiro Barnes sobe com a certeza de aliviar o perigo, porém o couro apenas resvala em seus cabelos e sobra para Heleno. A torcida fica de pé. Ele mata a bola, tenta o chute, mas Smith e Fields não deixam. Rápido, Heleno divisa o vulto de Nestor e rola para o companheiro. Nestor está sem ângulo, mas, cheio de energia e brios patrióticos, enche o pé na direção do gol. O foguete não encontra resistência, Ademir ainda faz um corta-luz e o balão estufa o filó.

Êxtase na colina. Os jogadores correm como baratas tontas pelo gramado. O público se abraça. A cidade comemora, no outono, um Carnaval antecipado às dez e meia da noite. Mesmo torcedores rivais do Flamengo, Fluminense e Botafogo gritam pelas janelas. Danilo Alvim dá uma cambalhota na direção dos companheiros, que agora estão amontoados no centro do campo. O que se vê é o brilho de dez camisas brancas, rasgadas por uma diagonal preta, em oposição a um punhado de camisas vermelhas, olhando para si e tentando achar uma explicação.

Mas ainda havia 10 minutos de esperança para os ingleses. Que retomam as rédeas do jogo e partem para cima dos brasileiros. Em vão. Foram 10 minutos de glória para Danilo Alvim. O Príncipe tudo organizou, orientando Augusto, Sampaio, Ely e Jorge. O Arsenal vinha, mas nada conseguia. Aquele homem alto, esguio, elegante, que quebrara a perna em 39 lugares, que aguentara algumas piadinhas por andar pelas ruas mancando, depois do acidente, ele mesmo, o Príncipe, acalmou o jogo, deixando os ingleses extenuados e impotentes para qualquer reação. O Vasco garantia, mais uma vez, a felicidade de sua imensa torcida.

As terríveis lágrimas
do Maracanã

Um ano depois, o êxtase de Danilo viraria tristeza. E o sorriso se transformaria em lágrimas desesperadas. Aquele Vasco poderoso, o Expresso da Vitória, seria a base da seleção brasileira na Copa de 1950. Doze anos depois de 1938, o mundo, agora sem guerras, aguardava ansioso pelo saudável conflito entre nações no futebol. Depois de Uruguai, Itália e França, era a hora de o Brasil ser a sede do Mundial. A rivalidade Rio-São Paulo fez o técnico mudar a escalação ao jogar no Pacaembu, contra a Suíça. Foi a única partida da campanha até a final que Danilo Alvim não jogou. Curiosamente, foi também a única em que a seleção só fez dois e ainda tomou dois gols. Danilo realmente fazia diferença no time, não só pela segurança que dava à defesa, mas pela tranquilidade que avalizava ao ataque.

Danilo Alvim se sentia em casa durante a Copa do Mundo. Não só pelo Maracanã ser perto da Tijuca, bairro tão conhecido de sua infância, mas pelos companheiros da seleção. Fora ele, eram sete jogadores do Vasco: Barbosa, Chico, Ademir, Augusto, Maneca, Ely e Alfredo. E mais dois antigos companheiros do Vasco Expresso da Vitória: Friaça e Jair, respectivamente, no São Paulo e no Palmeiras.

Brasil 4 a 0 México, Brasil 2 a 2 Suíça, Brasil 2 a 0 Iugoslávia, Brasil 7 a 1 Suécia, Brasil 6 a 1 Espanha e, finalmente, o terrível Uruguai 2 a 1 Brasil. A derrota caiu como uma bomba atômica na estima do povo brasileiro inteiro, e não só daquelas duzentas mil pessoas que conseguiram entrar no estádio, novinho em folha.

Há quem diga que a imagem mais simbólica, mais representativa da tragédia esportiva, foi a de uma foto em preto e branco de Danilo Alvim confortado por um radialista, saindo de campo aos prantos, arrasado, derrotado e frustrado. O Príncipe era a imagem do brasileiro naquele momento.

Pessoalmente, as lágrimas de Danilo adivinhavam que era aquela sua única e última chance de ser campeão mundial. Depois do *Maracanazo*, Danilo Alvim continuou no Vasco e teve o prazer, ou o consolo, de ainda ser campeão carioca, em 1952. Pela seleção brasileira, continuou atuando até o Sul-Americano de 1953. "Quando um incrível meio-campo, formado por ele, Didi, Zizinho e Jair Rosa Pinto, teve a desventura de perder o título para o Paraguai, treinado por Freitas Solich, que viria depois brilhar no Brasil", relembra o comentarista Luís Mendes. Depois da frustração de 1953, mais uma em 54. Apesar de ainda estar em atividade no Botafogo do Rio, não foi convocado para a Copa do Mundo na Suíça. Encerrou a carreira em 1956, no Uberaba, de Minas Gerais, onde também começou uma promissora trajetória de treinador, chegando a treinar o amigo Zizinho na equipe mineira.

A última partida, em Minas Gerais

A última aparição do jogador chutando uma bola dentro de um campo de futebol deu-se em Uberaba, em 1957. Num epílogo pra lá de folclórico e emocionante. O Santos, bicampeão paulista, ainda sem Pelé, mas com Jair Rosa Pinto na meia-esquerda, apareceu na cidade mineira para um amistoso contra o time da casa. Seguindo fielmente as instruções do novato treinador Danilo Alvim, o corajoso Uberaba sustentou um brioso empate no primeiro tempo. Súbito, no intervalo, a saudade bateu de tal forma que o Príncipe resolveu entrar em campo. Vestiu seu último traje real, acertou a defesa, orientou o ataque e conseguiu a vitória. Depois do fim do jogo, suado, camisa no ombro, foi abraçar o velho amigo Jair. E saiu de dentro das quatro linhas para nunca mais voltar.

Além de treinar grandes clubes do eixo Rio-São Paulo, de Porto Alegre e Recife, conseguiu o feito de ser campeão sul-americano de 1963 com a Bolívia, que o reverencia até hoje como o comandante do maior triunfo internacional do país.

Infelizmente, parece que destino possui certa tendência macabra a relegar ao abandono e esquecimento algumas dessas lendas que ele mesmo ajuda a criar. Apesar do dinheiro ganho como jogador e

O príncipe Danilo encantou dentro de campo e virou técnico.

treinador, Danilo Alvim não conseguiu ter um final de vida tranquilo. Morreu no dia 16 de maio de 1996 num asilo de idosos do Rio de Janeiro. Os mesmos pulmões, que tanto o ajudaram nos tempos de realeza, não tiveram forças para resistir a uma pneumonia.

Para se ter uma ideia de como foram os últimos anos da vida do Príncipe Danilo, em 1989 o vereador Maurício Azêdo, do Rio de Janeiro, interviu em seu favor para conseguir aprovar uma lei concedendo uma pensão especial de cinco salários mínimos a um ídolo do povo nos anos 1940. Foi seu último diploma, seu último troféu.

DANILO ALVIM
3/12/1921 – 16/5/1996

TÍTULOS   Vasco   Campeonato Carioca 1947, 1949, 1950, 1952
                                      Campeonato Sul-Americano 1948

           Seleção brasileira   Copa Rio Branco 1947, 1950
           (27 jogos e 2 gols)   Sul-Americano 1949
                                      Taça Osvaldo Cruz 1950

ENTREVISTA
ZAGALLO

"O Príncipe Danilo
foi meu primeiro ídolo
no futebol."

Não é fácil saber como jogava um craque que atuou há 60 anos. Os motivos são óbvios. Não há suficientes imagens em movimento, apenas registros fotográficos em preto e branco. Resta-nos a história oral de personagens contemporâneos. E no caso de Danilo Alvim, quem melhor do que Mário Jorge Lobo Zagallo?

Eleito um dos 11 melhores treinadores do futebol brasileiro pelo jornalista e escritor Maurício Noriega em *Os 11 melhores técnicos do futebol brasileiro* (Contexto, 2009), Zagallo também brilhou como jogador. Foi bicampeão mundial, com a sombra do excelente Pepe no banco. Como técnico, foi tri no inesquecível título de 1970 e, auxiliando Parreira, tornou-se o único tetracampeão do mundo em 1994. Dirigindo a seleção de 1998, perdeu a final para a França. E, se não fosse Thierry Henry, poderia ter conquistado mais um caneco na Alemanha, em 2006, como conselheiro de luxo de Parreira.

Apesar de sergipano, Zagallo passou a infância no Rio de Janeiro, onde desde cedo começou a ver as partidas do América, seu original time do coração. Hoje diz que torce para "Flamengo e Botafogo", face à decadência esportiva do querido Ameriquinha. Entretanto, foi nesse Ameriquinha que Danilo Alvim começou a jogar bola. E foi esse Danilo Alvim o primeiro ídolo do menino Zagallo.

Aos 76 anos, testemunha ocular de tantos momentos históricos da humanidade, "eu vi o Zeppellin sobrevoar o Rio de Janeiro", Zagallo ainda teve a honra de acompanhar toda a trajetória do primeiro dos grandes volantes brasileiros.

Zagallo viu grandes jogos de Danilo pelo América.

Danilo Alvim era mesmo um príncipe jogando?
Com certeza! Eu vi com os meus próprios olhos, numa época
em que eu nem pensava em ser jogador de futebol. Fui sócio
do América e joguei no juvenil do clube. Naqueles tempos,
ele já era chamado de Príncipe, pela elegância e pela forma de jogar,
muito bonita. Era magrinho, mas chamava a atenção. Certamente
um dos jogadores principais daquele América da primeira metade
dos anos 1940, que também tinha Amaro, César, Maneco, Jorginho
e Esquerdinha.

Onde Danilo ia, Zagallo ia atrás?
Eu e meu pai, que era conselheiro do clube. Então, onde o América
ia, a gente ia atrás. Minha vida de garoto era estudar, brincar na
rua e assistir aos jogos do Danilo, qualquer que fosse o estádio.
São Cristóvão, Madureira, Gávea, Laranjeiras. Na época em que
o América era América. Um time bem quisto. O segundo clube
de todos os cariocas. "Hei de torcer, torcer, torcer, hei de torcer até
morrer, morrer, morrer, pois a torcida americana é toda assim, a
começar por mim…"

Fora de campo, Danilo também era um príncipe?
Eu posso falar isso de cadeira. Lembro-me muito dele porque
era amigo do meu irmão, Fernando Henrique, nove anos mais velho
do que eu. Eles viviam jogando sinuca na Afonso Pena esquina
com Mariz e Barros, num café. E Danilo era muito educado,
recatado e elegante. Muito calmo na maneira de agir.

Hoje ele seria uma estrela?
Não tenha dúvida. O futebol, no passado, não era aceito na
sociedade como hoje em dia. Era badalado até certo ponto. E
Danilo viveu essa época. O América disputava pau a pau com as
outras equipes, enchia estádios, tendo este maestro no meio-campo.
Seria uma estrela. Mas não era bonitão. Era magrinho e alto. Dentro
de campo, um gigante.

E no Vasco?
No Vasco continuou sendo o Príncipe. Tranquilo fora de campo, sem se meter em farra, e nos gramados um leão. Ele tinha um estilo do Ademir da Guia. Lento, entre aspas, mas que sabia jogar, com uma boa técnica, boa qualidade, e se sobressaía muito. Marcava bem, mas tinha uma visão mais para a frente do que para trás.

Ele foi um pioneiro na posição?
Acho que sim. Não era um cabeça de área fixo, paradão. Destacava-se pela maneira como trabalhava a bola, postava-se à frente e ainda apoiava o ataque, mas não muito, claro, porque era uma época em que o volante devia guardar a posição. Só que seu alto nível técnico permitia essa mobilidade em campo.

Você foi testemunha do pranto dele no Maracanã?
Exatamente. Eu era soldado prestando guarda no dia da final. A seleção brasileira era uma grande força, favorita, jogando pelo empate, e eu acabei vendo de tão perto aquela tristeza de perder um título em casa. Antes, o delírio de ver a seleção entrando em campo, todos com o lencinho na mão, ovacionada. E eu ali, do lado onde o Gigghia fez o gol, no lado oposto, na arquibancada. Tirando serviço militar e vendo aquele desastre, com o Danilo, aos prantos, chorando dentro de casa e antevendo ali sua despedida como jogador da seleção. Em 1954 acabou ficando de fora. Ali ele deixava fugir a grande chance de ser campeão.

Ele fez o povo esquecer outro volante, Fausto, ídolo das antigas, o Maravilha Negra?
Se para você é difícil, ou melhor, impossível, lembrar de Danilo Alvim, comigo acontece o mesmo com o Fausto. Sabia quem era, os parentes

mais velhos comentavam que jogava muita bola, mas eu só lembro mesmo de nome e, realmente, da fama que tinha. Já outros craques, como Jorge, o lateral, o goleiro Barbosa, Augusto, Chico, Maneca, Ademir, Ipojucan... essa turma toda eu vivenciei. Bauer, Noronha... essa turma eu testemunhei, jogando como juvenil do Flamengo.

É lenda ou verdade que Danilo conseguia matar a bola com o bico da chuteira?
Ele era um clássico, um jogador que sabia amaciar a bola para dar sequência à jogada. Tinha um potencial impressionante. A memória falha, mas não duvido que ele matasse a bola de qualquer jeito!

Os times tinham cinco atacantes e, mesmo assim, Danilo se virava lá atrás?
Era uma marcação muito mais por zona, praticamente não havia esta marcação individual de hoje em dia. Usava-se o famoso sistema WM [O WM foi consagrado como um sistema de jogo no qual, se ligássemos por uma linha imaginária o posicionamento dos jogadores, teríamos as duas letras. O w na defesa, com três jogadores atrás e dois mais à frente. E o m no ataque, com dois jogadores apoiando e três à frente], bem diferente do futebol moderno, em que, infelizmente, o mais importante é não deixar jogar. No passado, se jogava futebol de categoria, mesmo na minha época de garoto, quando tive a felicidade de ver o Danilo, até meus tempos de jogador. A preparação física não era a de hoje, mas ela não sobrepujava a técnica. Antigamente, tínhamos qualidade e quantidade de jogos excepcionais. Cada time era composto de verdadeiros campeões, tal a qualidade dos jogadores brasileiros. E a força e o equilíbrio de times como Fluminense, Botafogo do Rio, São Paulo, Flamengo, Corinthians, Palmeiras... eram equipes sensacionais.

Você, tranquilamente, pelo seu estilo dinâmico, jogaria hoje. E Danilo Alvim, teria vaga no campeonato brasileiro de 2011?
Eu certamente jogaria, pois tinha uma condição orgânica que me permitia ir ao ataque e voltar. Eu era um driblador, mas no Flamengo, o Freitas Solich apitava nos treinos toda hora em que eu driblava. Dizia-me que o drible só era bom quando necessário. Então, larguei o drible e passei a jogar taticamente. Mas, voltando ao Danilo, posso dizer que, se ele estivesse preparado fisicamente (e eu digo isso porque o mais importante num jogador é técnica, habilidade mais condicionamento físico), garanto que jogaria.

Parece que o futebol moderno causa decepção a você...
Você zapeia na TV os campeonatos de todos os países e a forma de jogar é igual. A mesma coisa. Acho que devíamos aumentar o tempo da partida. Dar mais do que 45 minutos, assim os jogadores cansariam e o talento voltaria a ser determinante como era antigamente.

Como treinador, você chegou a citar Danilo em alguma preleção?
Com certeza. Para dar exemplo de bom posicionamento e da importância da técnica, não importando a posição. E não só Danilo. Cansei de citar a forma de jogar de Pelé, Garrincha, Tostão, Rivellino e, principalmente, de Paulo César Caju, o melhor ponta-esquerda que já vi jogar. Não era bem quisto, mas tinha a habilidade, a tranquilidade, batia falta, marcava – um jogador sensacional, mas que encasquetou que tinham raiva dele por ser negro.

O Danilo era o pilar do Expresso da Vitória, como Zito era daquele Santos mágico de Pelé e Cia.?
Um pouco diferente, porque o Zito saía mais, era o famoso sexto atacante. Neste ponto, o Danilo era mais conservador, pela maneira

que jogava taticamente. Mas ao mesmo tempo, dava a segurança necessária para Ademir e outros atacantes do Vasco poderem pressionar o outro time sem pensar duas vezes. Mas olhando para certos jogadores contemporâneos, atuando na seleção brasileira, que não têm gabarito ideal para jogar, é muito fácil pensar que, com um pouco mais de condicionamento, Danilo seria sensacional também nos dias de hoje.

Danilo berrava em campo?
Era mais para o quieto, não tenha dúvida quanto a isso. Se tivéssemos que compará-lo, por exemplo, a Dino Sani e Zito, que vieram depois dele, Danilo não era de gritar como o Zito. Mas tinha tanta qualidade que, certamente, se jogasse no futebol moderno, não ficaria um ano no América nem iria para o Vasco. O destino seria a Europa. Pois já nos anos 1940 e 50, nas excursões vascaínas, Danilo chamava a atenção dos estrangeiros.

Na sua opinião, o que caracteriza um bom volante?
Um bom volante? Tem que ser um excelente limpador de para-brisas! Para lá e para cá, para lá e para cá...

CAPÍTULO 2   **ZITO**

Bicampeão mundial,
dava bronca até em Pelé
e foi o santista a ganhar
mais títulos no clube.
Virou ídolo com a camisa
branquinha e com
a amarelinha.

José Ely de Miranda. Josézito. Zézito. Zito.
Cara de bravo, fama de mau, olheiras profundas. Se jogasse hoje, seria facilmente contratado para participar dessas campanhas publicitárias que adoram comparar o futebol a batalhas *vikings*, invasões bárbaras e estádios romanos. Talvez também pudesse ganhar um dinheirinho sendo garoto-propaganda de alguma pastilha contra tosse e rouquidão. Como gritava o tal do Zito. E sem poupar o vocabulário...

"Ô Pouca Pena, abre na ponta, c.!"

"Dorval, p.q.p., para de chutar todas e cruza uma bola!"

"Pelé!! Vai a m. para de driblar o time inteiro, porra!"

"Ô Carlos Alberto, tá de sacanagem? Volta!!"

Pois é... Zito falava muito (e muitos palavrões).

E ganhou da crônica esportiva o apelido de Gerente. Claro, não porque exista registro na história bancária deste país de algum gerente de agência que tivesse como característica xingar os clientes e gritar com funcionários. Zito virou Gerente nas páginas dos cronistas poetas por outro motivo: sua impressionante capacidade de organizar e coordenar a dinâmica de uma partida.

E se engana quem pensa que seus arroubos vocais não tinham troco dos parceiros da camisa branca.

"A gente xingava ele também", relembra Pepe.

"Eles me xingavam também, principalmente o Dorval, que cansou de me mandar ao inferno...", confirma Zito.

Mas, então, o famoso elenco estelar do Santos Futebol Clube, bicampeão mundial de clubes, era uma cizânia incontrolável? Uma tertúlia de desbocados? Um encontro de desafetos?

Palavrões em campo, amizade fora dele

— De maneira alguma, éramos todos amigos. Os berros saíam só durante o jogo, porque eu queria demais ganhar, era quase doentio isso da minha parte. E eles sabiam que fora do campo, eu era o primeiro a defendê-los para a diretoria, pedindo inclusive adiantamentos financeiros para quem estivesse necessitado e reajuste de salário para os injustiçados, garante o "gerentão".

Respeitado pela imprensa e admirado por todos os torcedores santistas, Zito era a referência, o pilar das várias escalações que o Santos teve em seus 15 anos como jogador pela Vila Belmiro. Desde os primeiros companheiros de 1953, como Manga, Formiga, Nicácio, Antoninho, Carlyle e Tite, até a linha da frente mágica formada por Dorval, Mengálvio, Coutinho, Pelé e Pepe.

Porém, Zito não se contentava em ficar destruindo lá atrás para lançar a bola na direção de alguém na frente. Além de Gerente, também ficou conhecido como sexto atacante, pois muitas vezes aproveitou a exagerada marcação em cima das feras do seu time para se infiltrar ataque adentro, e deixar sua marca registrada. Não se assuste. Não foi erro de digitação. Houve um dia em que as equipes entravam em campo com cinco atacantes!

Graças a essa liberdade tática, Zito fez 57 gols, o que não é pouco para a posição de volante, qualquer que seja a época.

Santista roxo e especialista na história do futebol brasileiro, o jornalista Odir Cunha se derrete, sem pudor, ao definir um de seus maiores ídolos de infância.

— Ah, Zito. Pobre do time que não tinha um. Grande líder do futebol brasileiro. O Santos todo era despertado por seus berros. Com o Zito em campo, não era só um time de futebol elegante, era um bando de leões. Detestava perder até em palitinho. A história do grande Santos não pode ser contada sem ele. Marcava, saía jogando, orientava o time dentro de campo, como se fosse um técnico.

Gerente e ainda técnico?

Naquela época, é bom lembrar, os treinadores não eram autorizados, como hoje, a ficar à beira do campo, gritando e passando suas orientações aos comandados. Logo, era necessário que todo técnico inteligente tivesse uma espécie de representante dentro das quatro linhas, alguém em quem ele pudesse confiar e os jogadores também. Lula, e depois Antoninho, tiveram a sorte de contar com Zito. Só que Zito ia muito além das ideias de Lula e Antoninho. Sua visão tática era privilegiada e não foram poucas as vezes que o Santos mudou a forma de jogar numa partida seguindo suas decisões.

Mas como era bravo esse Zito...

Bravo no Santos e bravo na seleção, para a qual foi convocado pela primeira vez em 1956. Quem o chamou foi Osvaldo Brandão. Que também não escapou do jeito Zito de ser.

– Pô, vou te contar uma história que é brincadeira. Um ano antes da Copa de 1958, fomos jogar o Sul-Americano no Peru, que a Argentina acabou ganhando com direito a uma lavada em cima da gente por 3 a 0. Pois bem, na primeira reunião do grupo, o Brandão diz que gostaria de reparar uma injustiça da última excursão da seleção, quando o Roberto Belangero não foi convocado. E nós ouvindo aquela baboseira, aquela ladainha inútil, na primeira reunião. Pensei logo: estou ferrado! E não deu outra, ele reparou a tal injustiça e eu não joguei nenhum jogo! – reclama Zito, ainda irritado, 52 anos depois.

Mas ninguém precisa ter medo, Zito não morde. Conversar com ele hoje é como sentar num pasto qualquer de uma roça não sei donde e esticar uma prosa repleta de gargalhadas. Zito não tem papas na língua. E não é de hoje.

Desde pequeno, em Roseira, o dono da bola

O menino do interior, nascido em 1932, quando Roseira era apenas um punhado de casas pertencentes ao município de Aparecida, no interior paulista, sempre foi sério e compenetrado.

Porém, muito justo, correto e franco. Os pais perceberam isso e não o impediram de seguir o sonho de ser jogador de futebol. Afinal, Zé Ely sempre era metido a formar time no bairro, organizar campeonatos entre equipes de Caçapava, São José dos Campos e Taubaté, e até conseguir caminhão de vizinho para levar a turma toda de uma cidade para a outra.

Quando terminou o grupo escolar, Zito foi para Pindamonhangaba, a querida Pinda, onde tem família até hoje, e jogou em duas equipes. No São Paulo da cidade, carinhosamente apelidado de São Paulinho e também no Estudantes de Pinda, onde foi campeão em 1948. Desde essa época, Zito tinha a curiosa mania de sempre posar para as fotos em pé e, de preferência, sendo o segundo da esquerda para a direita. Às vezes não conseguia. Porém, na maioria dos registros, lá está ele nessa posição, não raro ao lado do goleiro.

Mas foi em 1951, jogando já no futebol profissional paulista pelo Taubaté, time que era carinhosamente conhecido como Burro da Central, que Zito começou a ser reconhecido como "o melhor volante do Vale do Paraíba". Em pouco tempo, já era o melhor volante do Santos, para onde foi no ano seguinte e, tão logo mostrou suas qualidades, tirou o lugar do então consagrado Hilton Alves, que deu o azar de se machucar no momento em que o menino de Roseira lutava para ser titular.

Porém, não foi assim tão imediato. Com Aymoré Moreira de treinador, Zito fez uma peregrinação por várias posições até se firmar como volante. "Fui lateral, zagueiro, meia... mas eu me sentia à vontade em todo o lado. Queria era jogar. Queria era ganhar!", brada o velho e bom Zito. "O líder daquele grupo era Antonio Fernandes, o Antoninho, não sei se herdei isso dele não. Talvez. Meu estilo era guerrear, não dava para perder."

Muito mais que um guerreiro

Aos poucos, Zito foi mostrando que era muito mais do que um guerreiro com um berrante imaginário a gritar com tudo e todos. Fazia como poucos a transição da defesa para o ataque, tinha o passe perfeito e tão logo se livrava da bola já cantava a jogada a ser feita. Quando era para entrar duro, não aliviava. Era um marcador implacável. Sabia usar o corpo para se proteger e conseguia subir alto para cabecear. Na frente, gostava de chegar junto aos meias de armação, para tabelar e lançar os pontas.

Não tinha um defeitinho?

Talvez o bigodinho Don Juan no começo da carreira? Ou o topete penteado para trás, no mais puro estilo Humphrey Bogart em *Casablanca*?

O defeitinho de Zito era não saber chutar com a perna esquerda.

– Nossa senhora! Meu pé esquerdo era cego. E eu não tinha condição de aprender a usá-lo. Tá bom, vamos falar a verdade. Eu não quis aprender. Nasci com aquilo, vou embora com aquilo. Deu para ver que eu era meio teimoso, né? Tinha que ser sempre do meu jeito. Podia até estar de acordo com outra opinião, mas eu ia fazer do meu jeito – assume, sem cerimônia alguma.

E na seleção era a mesma coisa. Gritos e respeito. Era amigo daquele pessoal todo do Botafogo do Rio que, junto com o Santos, fornecia craques aos borbotões para vestir a amarelinha. Foi no grito que fez seu único gol pelo Brasil. E que gol.

Cinquenta jogos na seleção e um gol inesquecível

Final da Copa do Chile. Era 17 de junho de 1962. A seleção brasileira tentava o bicampeonato contra a perigosa Tchecoslováquia do artilheiro Scherer, Masopust e Novak, país que, apesar dos poucos palmares, já havia chegado a uma final de Copa, em 1934, contra a Itália. Pelé, machucado, não estava em campo. Os tchecos começam impossíveis e, numa enfiada de bola, abrem o placar aos 15 do primeiro tempo com Josef Masopust. Um minuto depois, sem ângulo, Amarildo empata, numa bobeada do goleirão Schrojf. Porém,

OS 11
MAIORES
VOLANTES DO
FUTEBOL
BRASILEIRO

O "gerente" de um time inesquecível para o mundo todo.

o toque de bola dos europeus não fica a dever aos brasileiros, que não conseguem conter a ansiedade e jogam muito aquém do que podem. Zito, número 4 às costas, ainda tenta de fora da área na primeira metade, mas a bola trisca a trave e vai para a linha de fundo. Depois do intervalo, o jogo recomeça e a igualdade persiste até os 25 minutos. Atacado em seu campo, o Brasil consegue recuperar a bola. Zito a recolhe e atravessa a linha divisória. Ele aumenta a velocidade, deixando os marcadores tchecos para trás. Ninguém o segura – apesar do apelido ser de Amarildo, naquele momento o Possesso era o ex-volante do Taubaté. Em poucos seis toques, um deles de canhota, vejam só, Zito penetra até a intermediária adversária e estica no fundo para Amarildo. O botafoguense dá um drible desconcertante no lateral tcheco e ouve um grito desesperado, um urro familiar, um berro conhecido. Era Zito! Avisando que chegara de surpresa dentro da pequena área do país de Kafka. Amarildo cruza, um pouco alto, Zito sobe, sobe, quase não chega… mas consegue resvalar e jogar para dentro. No embalo, acaba dando uma cabeçada na trave esquerda, mas nem sente dor. As duas mãos erguidas, ele sai saltitante para abraçar os companheiros. Era o gol da virada. Vavá faria o terceiro, em outra bobeada do goleiro Schrojf e o bicampeonato mundial estava no papo. A conceituada revista italiana *Guerin Sportivo*, em sua enciclopédia sobre todos os campeonatos mundiais de futebol, assim definiu o gol do santista:

– Zito, concedendo-se um raro momento de liberdade criativa, carregou a bola até a testada final. O gol tinha premiado e trazido a ribalta um jogador muito precioso, mas que, por razões táticas, estava confinado numa espécie de sombra para que os colegas pudessem brilhar.

Saiu do banco para embasbacar os alemães

Cinco anos depois, na Alemanha, ele seria o responsável por outra virada histórica, desta vez com a camisa do Santos. Já no fim de carreira, sem o bigodinho maroto e sentindo muitas dores no joelho, Zito acompanhou o time brasileiro em mais uma excursão à Europa. O calendário marcava 16 de junho de 1967. E o Gerente resolveu não jogar um amistoso em Munique. Desanimada e cansada, já que o giro pela Europa e ainda África já durava quase um mês, a equipe santista terminou o primeiro tempo perdendo de 4 a 1. Mesmo no banco, Zito estava uma arara, sentindo-se humilhado. Levantou irritado e avisou ao treinador que iria entrar. Não só entrou, como na base do incentivo, do grito e da correria, fez o Santos meter quatro gols, virar o jogo e escrever mais um capítulo no livro das incríveis façanhas do orgulhoso alvinegro praiano.

A sequência de partidas inesquecíveis de que Zito participou é impressionante. Ele estava na decisão do Mundial de Clubes de 1962 quando, em plena Lisboa, o Santos atropelou o Benfica com um sonoro 5 a 2. E as goleadas aconteciam em todos os lugares do planeta. Neste mesmo ano, o Racing, de Buenos Aires, levou de 8 a 3. E até algumas seleções que resolviam arriscar um desafio amistoso contra o time brasileiro acabavam morrendo de vergonha. A Tchecoslováquia, vice-campeã mundial, resolveu bater de frente com alguns dos seus algozes em 1962. Fez quatro gols, mas levou seis. E até o Flamengo, que já se sentia dono do Maracanã no início dos anos 1960, amargou um 7 a 1 inacreditável, dentro do maior estádio do mundo.

Entretanto, existe uma partida, *umazinha*, que está no topo do ranking dos jogos mais emocionantes da carreira de Zito. Um clássico regional em 1958. Santos x Palmeiras. Lula x Osvaldo Brandão. Torneio Rio-São Paulo. Para muitos, "jamais houve uma mulher como Gilda" e um embate como esse.

Vinte e uma horas do dia 7 de março, em São Paulo. O termo "balada" nem existia nos arredores do tradicional bairro de Higienópolis, vizinho ao Pacaembu. A rua Augusta estava movimentada, como sempre. Todavia, o lugar para se estar naquela noite quente era um só. O Estádio Municipal Paulo Machado de Carvalho, ainda com a concha acústica a torná-lo deveras mais charmoso do que hoje. Não à toa, cerca de 45 mil pessoas se aboletaram nas arquibancadas do belo templo. A renda foi boa e o espetáculo melhor ainda. O Santos, que começava a se tornar atração turística, entrou em campo com Manga; Hélvio e Dalmo; Fioti, Ramiro e Zito; Dorval, Jair, Pagão, Pelé e Pepe. Logo depois, foi a vez do Palmeiras, ainda longe de ser a Academia, mas contando com alguns célebres jogadores. Eis como saiu do túnel o Palestra: Edgar, Edson e Dema; Waldemar Carabina, Waldemar Fiúme e Formiga; Paulinho, Nardo, Mazzolla, Ivan e Urias.

Depois dos times se saudarem, Zito carinhosamente foi falar com Chico Formiga, um de seus primeiros parceiros de meio-campo no Santos. O veterano lhe desejou boa sorte, mas falou que não ia ser fácil ganhar do Palmeiras naquela noite.

Dito e feito. Aos 18 minutos, Urias foi logo marcando para o time verde. Mas aquele Santos não era de se assustar com nada. O ponteiro dos minutos deu três voltas e Pelé empatou. Imediatamente depois, Pagão virou a partida. O ritmo era tão frenético que nem bem o Palmeiras deu a saída de bola, o jogo já estava 2 a 2, Nardo marcou. E Formiga olhou para Zito com ares de "não te falei?".

Coitado do Formiga. Só mesmo nas fábulas consegue triunfar.

O Santos, como que ofendido com a petulância do Palmeiras em fazer jogo duro, passou a fazer gols em série. Dorval, Pepe e Pagão foram os carrascos do alviverde, que perdeu toda a imponência que o qualifica no hino. Quando o árbitro João Etzel Filho apitou o fim do primeiro tempo, o placar mostrava 5 a 2 para os extraterrestres da Vila Belmiro. Brandão achou que era culpa do pobre goleiro Edgar e o trocou por Vitor. Na frente, trocou Nardo pelo uruguaio Caraballo. E pôs Maurinho no lugar de Formiga.

No vestiário, Zito não queria pena nem dó dos palmeirenses. Exigia de todos que, se conseguissem, deviam meter 10 gols nos periquitos. Mais parece que só Zito voltou com gás. Ele e o ataque do Palmeiras que, mordido e humilhado, infernizou a vida da defesa santista. Paulinho fez o terceiro aos 16 minutos. Mazzola, ele mesmo, João José Altafini, que iria para a Copa de 1958 pelo Brasil e para a de 1962 defendendo a Itália, usou a velocidade de Caraballo para desnortear os zagueiros Hélvio e Dalmo. E em menos de dez minutos, fez o quarto e o quinto gols palmeirenses.

Ninguém estava acreditando no que via. A massa mal sentava e tinha que levantar para comemorar ou amaldiçoar. Seria o empate mais lindo da história do Pacaembu. Até que Urias fez o milagre. Aos 34 minutos, o pontinha assinalou o sexto gol do Palmeiras. Festa em campo. Narradores roucos. Repórteres já não mais sabendo como explicar aquela reação. Historiadores palmeirenses já antevendo livros e livros sobre a façanha.

O problema é que do outro lado havia o Santos de Pelé. E em casos como este, o Santos de Zito. Imortal muito antes do Grêmio do século XXI. E quando o Palmeiras achou que havia ganhado a partida, o ímpeto dos parceiros Zito (733 jogos pelo Santos) e Pepe (750 partidas) ressuscitou os camisas brancas. E o Canhão da Vila, o Pouca Pena (ambos apelidos do carequinha Pepe) resolveu que o epílogo daquela odisseia futebolística ainda não estava escrito. Aos 38 e aos 41 minutos conseguiu fazer dois gols. Conseguiu fazer história. Santos 7 a 6 Palmeiras.

"Sem dúvida, o jogo mais impressionante que eu participei em toda a minha carreira", relembra, orgulhoso, Zito.

Zito viu em Dunga um sucessor

Apesar de descrente no futebol brasileiro contemporâneo, Zito consegue descobrir um jogador que lembre seu estilo. Curiosamente, alguém que também jogou no Santos. Dunga. "Ele não ficou muito tempo aqui na Vila, mas honrou nossa camisa. Tinha muita raça e determinação, não era um 'cracão', mas a vontade superava isso. E o mais importante de tudo: não gostava de perder."

A lembrança de Dunga nos remete a uma traumática passagem da Copa de 1998. O Brasil jogava contra o Marrocos, em Nantes, e o capitão Dunga foi à loucura com Bebeto, por causa de algum desacerto na marcação. Transfigurado, ele chegou perto do atacante brasileiro, em pleno estado de chilique e, furioso, aplicou uma cabeçada no companheiro, antes de ser segurado e afastado por Leonardo. Muita gente se assustou. Zito não.

– Aquilo é normal, não vi problema algum. Acho até que, com a presença dos treinadores praticamente dentro de campo, está faltando esse personagem nos times. Esse xerife, ou gerente, que está suando a camisa junto com os outros, e que possa chamar a atenção, gritar, acordar os mais sonolentos. Um jogador fazendo isso tem mais legitimidade do que o técnico – opina Zito, que não vê nos dias de hoje a intensidade da garra que ele tinha nos anos 1950/60.

E completa, para felicidade de Dunga e seus admiradores. "Dunga foi uma versão minha moderna. Se eu pudesse ter um jogador assim no meu time, eu ia querer na hora. O que ele fazia era uma cobrança positiva."

Talvez a voz da experiência realmente tenha razão. Depois da cabeçada de Dunga, Bebeto deu um passe para Cafu, que cruzou, e Rivaldo fez. E no segundo tempo, Bebeto fez o dele depois de um passe de Ronaldo. Só um gritinho não dói.

Testemunha ocular de Pelé

Zito participou e viu de pertinho lances que até hoje muita gente duvida. Aliás, lenda e verdade sempre andaram juntas na história do Santos inesquecível. Era tanta coisa boa que o time fazia que os céticos não acreditavam no que liam. Uma das lendas é a de que Zito chamava Pelé de "mascarado" e "negão" para poder ligar o camisa 10 na tomada, quando ele estava meio disperso.

Zito não confirma nem desmente. Apenas sorri.

Na estreia do maior jogador de todos os tempos, Zito também estava em campo. Foi em setembro de 1956, contra o Corinthians de Santo André. O Santos deu de 7 a 1. Para variar, Zito não fez gol, mas Pelé entrou no lugar de Del Vecchio e deixou o primeiro dos mais de mil que marcou.

Também testemunhou, de dentro do campo, o gol mais bonito de Pelé, em agosto de 1959, contra o Juventus, na rua Javari. Três chapéus nos adversários, dentro da área, e golaço de cabeça sem deixar a bola cair no chão. Em 1962, viu a turba peruana ameaçar invadir o campo quando o Santos, que goleou o Alianza Lima por 5 a 1, voltou para o segundo tempo sem Pelé. Com sua voz de comando, Zito foi um dos que convenceu o treinador Lula a colocar novamente o maior de todos em campo e desistir da substituição.

Quase foi do Palmeiras

E pensar que a história seria outra se não fosse por um jogador chamado Cássio Nogueira. Atual presidente do Santos e torcedor desde a época em que a Vila Belmiro era rodeada por cercas de madeira, Luis Álvaro de Oliveira Ribeiro, neto de um ex-vice-presidente do clube, Álvaro de Oliveira Ribeiro, conta a história da contratação de Zito. Segundo ele, Cássio, que quando serviu em Caçapava jogou na seleção do Exército contra o Taubaté de Zito, ficou impressionado com o vigor do menino e o recomendou à direção do Santos.

Os cartolas acreditaram no zagueirão Cássio e pegaram o trem até Taubaté. Lá chegando, viram que Zito já estava tão famoso no Vale do Paraíba que o Palmeiras havia acertado comprá-lo em algumas parcelas. Modesto Roma, vice-presidente do Santos na época, teve um ímpeto divino e resolveu fechar o negócio em dinheiro vivo, sem parcelas, na noite seguinte.

Mal sabia Modesto que ele selava ali a história do maior capitão que o Santos já teve.

ZITO
8/8/1932

TÍTULOS	Santos	Campeonato Paulista 1955, 1956, 1958, 1960, 1961, 1962, 1964, 1965, 1967
		Torneio Rio-São Paulo 1959, 1963, 1964, 1966
		Taça Brasil 1961, 1962, 1963, 1964
		Libertadores da América 1962, 1963
		Mundial Interclubes 1962, 1963
	Seleção brasileira (50 jogos e 3 gols)	Taça Osvaldo Cruz 1955, 1961, 1962
		Copa Roca 1957, 1963
		Copa do Mundo 1958, 1962
		Troféu Bernardo O'Higgins 1955, 1959

ENTREVISTA
PEPE

"O Chulé era nosso líder dentro e fora do campo."

Quando não tem jogo do Santos, as ruas que rodeiam a Vila Belmiro tornam-se pacatas e tranquilas. E os moradores já se acostumaram a ver por ali um monstro sagrado do futebol mundial: Pepe. Andar calmo, risonho, o vovô perfeito dos contos de fadas. Quando jovem, ele também fazia mágica pela ponta-esquerda do Santos Futebol Clube, como gosta de frisar. Com a camisa branca ou listrada, Pepe só não fez mais gols que outra lenda do futebol. Pelé. Foram 405 em 750 jogos. Depois virou treinador e hoje é considerado o homem com mais títulos no futebol no mundo. Levantou 93 troféus.

Atravessou a década de 1960 jogando ao lado de Zito. Até hoje se encontram no Memorial do Santos, para tomar um café, palpitar sobre o time ou apenas tirar fotos com gente de todas as idades. O Canhão da Vila divertiu-se falando do eterno companheiro.

O que fazia de Zito um dos maiores volantes do futebol brasileiro?
Fui um privilegiado porque acompanhei a carreira toda dele.
Ele jogava muito bem e tinha uma voz de comando muito forte,
uma liderança sobre todos os jovens do elenco. Para se ter uma
ideia de como conseguia defender, passar e ainda atacar,
era considerado o sexto atacante do Santos, depois de Pelé, eu,
Mengálvio, Dorval e Coutinho. Embora não fosse um
superartilheiro, marcou muitos gols.

Pepe conta que até Pelé aguentava os gritos de Zito.

Dá para colocar um percentual matemático? Quanto de raça, determinação e talento ele tinha?
Dá sim. Era 40% de raça, 40% de talento e 20% de determinação.

Ele era o irmão mais velho daquele time inesquecível, cheio de craques?
Mais do que isso. Não chegava a ser o dono do time, mas nos liderava dentro e fora de campo. Chegou ao Santos em 1951, e já mostrando que tinha uma personalidade forte. Na época, o capitão era o Élvio, mas dentro de campo a gente ouvia muito eram os gritos e as orientações do Zito. Era uma espécie de assessor direto do Lula, nosso treinador. O engraçado é que não só o Lula passava para ele algumas instruções, que eram repassadas para a gente. Às vezes, ele nem precisava do Lula e mudava a nossa maneira de jogar à maneira dele.

E essas broncas não assustavam nem criavam um ambiente ruim?
A gente era jovem e ficava assustado com os gritos, porque às vezes ofendia. Sabe como é, dentro de campo ficamos sem limites. Muitos palavrões. Mas ele adorava berrar comigo: "Ô Pouca Pena, volta para marcar!", porque eu já estava ficando careca. Foi um grande comandante, um jogador seguramente que está situado entre os melhores volantes do Brasil de todos os tempos.

O pé esquerdo de Zito era cego?
Se não era cego, era míope! Só que isso nunca atrapalhou o volume de jogo dele. Era um volante que marcava muito bem, e também era um exímio caçador de tornozelos. Quando jogadores de equipes pequenas queriam mostrar serviço para o Lula, ele não deixava barato. O Leal, do Guarani, e que também jogou no Jabaquara, já sabia que o Zito se irritava com estes driblinhos e o levava a loucura. Pela ordem, os que enchiam mais o saco dele e o faziam distribuir bordoadas: Leal, Gonçalo e Bugre, este último era um rapazinho danado, do Jabaquara, e o Zito saía do sério com ele. Não foram os melhores que ele enfrentou, mas foram os mais chatos.

Zito era duro ou desleal?
Duro, sem deslealdade. Foi expulso algumas vezes, mas era disciplinado. Virava o jogo muito bem, eu lembro que ele tinha um drible que fazia que virava para cá, mas virava para lá e enganava o marcador. Olha, foi o melhor que eu vi. Do meio-campo para trás, o Clodoaldo, por exemplo, era excelente. Mas o Zito apoiava, marcava, dava porrada, fazia gols e tinha comando até sobre o Pelé. Sério, dava broncas principalmente quando o Pelé exagerava e queria driblar todo mundo. "Solta a bola, negão!" Mas a gente às vezes mandava ele tomar banho, para não falar coisa pior. "Não enche o saco, Zito!!" Os que mais ficavam bronqueados eram Pelé e Dorval. Dorval explodia baixinho, falando para si mesmo e xingando o Zito sem ninguém ouvir. Ele era uma espécie de Garrincha, mas chegava na linha de fundo e batia para gol. E berrava Zito: "Dá esta meleca para trás, Dorval!!". Mas ninguém na torcida percebia essas discussões da gente. E a televisão na época não tinha tantas câmeras na transmissão. Ainda bem...

Na Copa de 1998, Dunga deu uma bronca terrível em Bebeto durante a partida contra o Marrocos. Era algo assim?
Exatamente. Esse era o Zito. E vou te dizer, faz falta em qualquer time alguém que grite assim. Fui treinador e sei que os jogadores às vezes estão dormindo em campo.

Agora uma perguntinha polêmica. Não vale ficar em cima do muro. Sem Zito, o Santos não seria o Santos?
Todos faziam falta naquele time inesquecível. Mas seríamos grandes mesmo sem ele. Ele foi parte fantástica da vida do Santos, mas nos jogos mais importantes contra o Milan, por exemplo, não jogou. E fomos bicampeões mundiais.

E o apelido de Gerente? Foram vocês que deram?
Não, não. Foi a crônica esportiva que o batizou assim, exatamente por causa desse jeito dele em campo, que falei há pouco. Na realidade, nós o chamávamos de Chulé. Isso é um apelido antigo,

que vem desde 1951, deve ter surgido quando ele foi experimentar algum sapato e perceberam o odor. Até hoje o chamamos assim.

E o Chulé intercedia por vocês com a diretoria?
Sim, sim. Era líder dentro e fora do gramado. Qualquer tipo de reivindicação tinha que passar por ele, que sempre levava para a direção do Santos. Ele tinha as portas abertas para falar com os diretores, e ninguém nunca achou que ele fosse um dedo-duro. Pelo contrário, era nosso representante, seja nas pequenas questões ou nos reajustes salariais.

O Zito do Santos era igual ao Zito da seleção?
No Santos ele jogou 733 partidas, já eu joguei 750, põe aí!! Mas agora falando sério, na seleção ele era o mesmo jogador em campo, ótimo na defesa, excelente no ataque, no desarme. Mas quanto aos gritos… Bom, havia outros líderes na seleção brasileira, todos eles capitães em seus times de origem. Então, o que acontecia? O Zito não perdia a mania de gritar, só que na seleção gritavam também com ele. Mas quer ver um lance inesquecível para mim? O gol que ele fez na final da Copa do Mundo de 1962, contra a Tchecoslováquia. O jogo estava 1 a 1, complicado, eu, sentado no banco, vibrei como nunca com aquele gol dele. Ele merecia. Depois fizemos 3 a 1 e o resto é história.

Você lembra da chegada dele ao Santos?
Essa pergunta é importante porque eu já li gente escrevendo que ele veio do Taubaté como uma espécie de contrapeso do Hugo, que era um jogador veterano e mais conhecido. Nada disso. O Aymoré Moreira já sabia o valor dele. E desde cedo Zito mostrou que tinha vigor nato, e não precisava treinar mais que todo mundo. Ao contrário, ele fazendo física era todo atabalhoado, não pulava meio metro e caía toda hora nos exercícios. Não vou dizer que era prega presa, mas não era um velocista.

Vocês tinham alguma jogadinha ensaiada?
Quando ele pegava a bola pelo meio e vinha conduzindo, de repente ameaçava lançar para o Dorval no lado direito. Eu já percebia, me desmarcava, e ele virava o jogo rapidamente. E foi assim que muitas vezes deixou o Santos na cara do gol.

Algum jogo inesquecível?
Na Alemanha, num dos inúmeros amistosos que o Santos fazia na Europa. Estávamos perdendo por 4 a 1, e o Zito machucado, assistindo ao jogo, todo encasacado, lá na arquibancada, ao lado dos dirigentes. No intervalo, perdeu a paciência, foi para o vestiário e falou para o técnico Lula: "Vou entrar!" Entrou e viramos o jogo para 5 a 4. Inesquecível.

No futebol de hoje, ainda encontramos alguém como Zito?
Não. E seria sensacional se houvesse outro. Ele não era só volante. Já jogou de lateral-direito, lateral-esquerdo, meia. E sempre jogando bem. Zito também era um curinga.

Em 1958, Dino Sani começou como titular, mas no terceiro jogo Zito entrou e não saiu mais. Qual a verdade sobre a substituição de Dino em 1958?
Antes eu quero saber o que o Dino falou! Bom, o Dino jogava pacas, muito bonito mesmo. Estreamos vencendo a Áustria por 3 a 0. Com Dino de titular, fazendo meio com Didi. No jogo seguinte, um 0 a 0 complicadíssimo contra a Inglaterra. Na terceira partida, muita coisa mudou. Pelé entrou no lugar de Mazzola, Garrincha no de Joel e Zito substituiu Dino Sani. Olha, me parece que o Dino machucou o tornozelo, mas até poderia jogar, só que o Feola preferiu o Zito, que era mais contundente e decisivo. Dino era um artista, mas sem ele o nosso poder de desarme aumentou, pois Zito complementava apoio e marcação, e repunha a bola muito rapidamente. Mas em 1962, convocaram o Zequinha e deixaram o Dino de fora. E o Dino era muito melhor!

Vocês tinham ciúmes de quem foi jogar fora do Brasil, como o Dino, por exemplo, que atuou pelo Boca e Milan?

Eu tive muitas propostas para sair do Brasil. La Coruña, Barcelona, Milan... mas eu entregava as propostas para a diretoria. E o Santos não vendia de jeito algum o garoto de ouro da Vila. Não sei se fiz bem, confesso a você que às vezes me pergunto: será que fiz o certo? Teria ganho mais dinheiro jogando na Europa, seria mais famoso mundialmente, mas preferi a tranquilidade do Santos e de Santos.

E hoje em dia, o Zito continua Gerente?

Parece incrível, mas aos 77 anos ele continua nos tratando como se fosse o nosso tutor. Principalmente quando encontra Pelé, Mengálvio, Dorval, eu.... Anda um pouco esquecido. Eu também, aliás. Só que será sempre um símbolo aqui no Santos. É respeitado por todos que jogaram com ele.

Falcão ou Zito?

É duro comparar. Faltou ao Zito ser um Falcão, jogar no exterior. Ele se notabilizou pelo Santos e pela seleção. Falcão foi mostrar na Itália o talento dele. Fazia bem aos olhos ver um cara daquele jogar. Os dois excepcionais. Zito mais forte na marcação e Falcão tinha a vantagem de que era melhor no apoio, na força e no chute a gol.

O Zito jogaria hoje em dia?

Os times agora jogam com três volantes. Só que o Zito fazia o papel dos três, meu amigo! E ainda era nosso sexto atacante, o Santos era um arrasa quarteirão.

CAPÍTULO 3

DINO SANI

O maestro, que nasceu na Rua Diana do bairro paulistano das Perdizes, brilhou em São Paulo, Buenos Aires e Milão, e foi campeão mundial na Suécia.

Se você já deu uma olhadinha no sumário, viu que Rivellino também faz parte deste livro. Não como volante, claro. O camisa 10 inesquecível do Corinthians e do Fluminense, tricampeão mundial no México, canhoto talentoso e dono da famosa "patada atômica", foi entrevistado para falar de Clodoaldo, parceiro na vida e adversário no campo.

Mas, então, o que faz Rivellino aqui, bem no início do capítulo de Dino Sani?

Porque antes de tecer uma palavra sequer sobre Clodoaldo, Riva foi logo perguntando:

– Vem cá, Clodoaldo jogou muito, mas nesta lista precisa ter alguém mais velho do que ele e eu, um monstro, volante de primeiríssima linha....

Foi interrompido pelo entrevistador.

– Dino Sani!

– Ah, bom! Então, a lista está completa! – completou Rivellino. E passou a falar de Clodoaldo...

Foi assim com a maioria das pessoas ouvidas. Tem o Dino Sani no livro? Não esqueceu o Dino não, né? Já falou com o Dino Sani?

O medo dos "dinosanófilos" tem lá sua razão de existir. A cada dia esquecemos anos e anos do futebol do passado. A urgência do mundo contemporâneo, o pensamento moderno reduzido a 140 caracteres no teclado do computador e a imponência dos verbos descartar e deletar costumam jogar na fossa da amnésia personagens espetaculares da nossa história, esportiva ou não.

Só que é impossível esquecer Dino Sani. Se houvesse um bolo, era ele a cereja. Se criassem porcos, era ele a pérola. Dino provou que, para ser volante, também era possível ser um estilista da bola.

"Eu não marcava ninguém, os outros é que tinham que me marcar", diverte-se ele até hoje.

61

Não é bravata de um veterano bonachão.

"Seu Dino jogava demais, muito do que eu sei devo a ele", derrete-se Falcão.

Enfrentou Bellini na segunda divisão paulista

E pensar que o paulistano Dino Sani, nascido no número 52 da rua Diana, nas colinas das Perdizes, foi preterido duas vezes pelo clube do bairro onde nasceu, o Palmeiras. Em 1950, por falta de espaço num time profissional, cheio de craques, foi emprestado ao xv de Jaú junto com Gérson, Gino e Lourenço. Com eles, jogou a segunda divisão e foi campeão numa final eletrizante com o Sãojoanense, de São João da Boavista, cujo zagueiro era nada mais nada menos do que Bellini. Ele mesmo, o da estátua. O primeiro brasileiro a levantar a Jules Rimet. Campeão mundial em 1958. Ao lado, aliás, de Dino Sani.

Fim do agradável exílio no Jaú, no ano seguinte voltou ao Palestra, mas novamente não foi aproveitado, sendo vendido para o extinto Comercial, também da capital. Moral da história: jogou apenas 15 jogos pelo Palmeiras e mesmo assim marcou cinco gols. Dois anos depois de duas temporadas brilhantes no Comercial, Dino foi redescoberto pelo São Paulo. Azar do Palmeiras. Ele não só substituiu com galhardia o veterano Bauer, como entrou para a história são-paulina como um dos volantes mais talentosos que vestiu a camisa tricolor.

Originalmente, e curiosamente, Dino não era volante. Pelo contrário, até 1957, vestiu a 10 do São Paulo. Chegou a ser convocado para a seleção como meia, foi reserva de Zizinho no Sul-Americano daquele ano, vencido pela Argentina. Eis que a diretoria são-paulina tem uma ideia revolucionária: trazer para o Brasil o treinador húngaro Bela Gutman, com passagens pelo Milan e Honved. Recém-chegado ao país, Bela também trouxe ideias revolucionárias. No futebol, apenas.

De camisa 10 à camisa 5,
em apenas um treino

Bela Gutmam deslocou Dino para a cabeça de área, lhe deu a camisa 5 e exigiu dele, e de toda a equipe, a fantástica missão de dar apenas três toques na bola e chegar até o gol. O seriado de TV *Missão impossível* nem havia estreado ainda, mas o húngaro não queria nem saber. "De tanto treinar, conseguíamos atacar e fazer um gol só com cinco toques. Isso acabou me ajudando demais, pois pude usar meu talento com rapidez. Tocava, ia para frente e rapidamente recebia", lembra Dino Sani, enquanto abre um envelope pardo com algumas fotos do passado. Sentado na poltrona da sala do apartamento onde mora sozinho, ainda nas Perdizes, ele não se furta em elogiar a si mesmo. Nada que soe pretensioso. Tudo o que diz já foi escrito e falado por terceiros. O apelido de Maestro não foi dado à toa. "Eu era maestro mesmo. Fazia o que queria. Mudava muito o jogo, desafogava todo mundo, recebia e armava toda a jogada. E ainda dava assistência aos centrais, aos laterais, para fazer os caras da frente jogar", define.

Parece muita coisa. Mas não é. Além disso tudo, Dino Sani ainda fazia gols. De preferência, com chutes colocados de fora da área. Só no São Paulo, de 1954 a 1959, jogou 322 vezes, balançando as redes em 108 oportunidades. Era um volante artilheiro, que jamais esqueceu a origem de meia-esquerda ou meia-direita. O inesquecível 4-2-4 são-paulino teve seu ápice em 1957. Campeão paulista dando de 3 a 1 no Corinthians, com o São Paulo assim escalado pelo húngaro, amante da objetividade: Poy, De Sordi, Mauro, Vitor e Roberto; Dino Sani e Celso; Maurinho, Zizinho, Gino e Canhoteiro.

Desde os 12 anos de idade, Dino Sani jogava bola para valer. Marcou centenas de gols pelo infantil, juvenil, amador e aspirante do Palmeiras. Seus ídolos eram Turcão, Junqueira, Oberdan, Jair Rosa Pinto e o uruguaio Viladonica.

Como volante, redescobriu o campo de futebol

O mais curioso foi ver a forma passiva como aceitou a mudança de posição. Sete anos atuando lá na frente, como meia-armador, e de repente um europeu gato mestre resolve dizer a ele que bom mesmo era jogar de centromédio? Logo ele, neto de italiano, expansivo, reclamão e inconformado por natureza?

Ora, meus amigos, o que era para ser uma camisa de força se transformou no admirável mundo novo para Dino Sani. A camisa 5 foi uma espécie de revelação divina de algo que ele já buscava, sem perceber: a liberdade no gramado.

– Quando o Seu Bela falou pra mim que eu ia mudar de posição, confesso que levei um susto, e logo disse que eu não sabia fazer aquilo não. Mas no primeiro treino já gostei! E gostei porque passei a ter mais campo para meter a bola, para armar. De uma hora para a outra, não jogava mais de costas para o adversário. Recebia livre, de frente para toda a ação da partida, fazendo o que bem entendia.

Mais maestro do que nunca, ele pôde utilizar todo o seu repertório genial, desenvolvido em treinos árduos e complexos ou na simplicidade de uma quadra de tênis de saibro.

Pois é, Dino Sani adora dizer que nasceu sabendo, mas quem o acompanha sabe muito bem que, desde pequeno, acatava sem reclamar aos pedidos dos treinadores que exigiam dele a repetição de jogadas. No Palmeiras, cansou de ser visto dentro da quadra de tênis de saibro que havia perto da cantina, chutando a bola para a parede. Forte, fraca, matando no peito, amaciando com a esquerda, com a direita, toque curto, toque longo, domínio de bola. Anos depois, já consagrado, ficava até à noitinha praticando voleios e chutes de primeira, qualquer que fosse o time contra quem jogasse. Tornou-se um exímio lançador. E de cada dez passes curtos, se errasse um, já ficava na bronca. A própria figura de Dino em campo já impressionava. Só faltava o fraque. Calvo prematuro, amante de um bigodinho Don Juan, parecia um veterano, tal a serenidade e a classe com que tratava a redonda.

Em vez de pontapés, desarmes

No Brasil, a nova posição tinha um problema de identidade muito sério. Centromédio, *center half*, *half* de apoio... uma coisa, porém, era unanimidade. Dino Sani era um craque pioneiro. Em lugar de marcar, era marcado. Em lugar de chutões, lançamentos. Em lugar de pontapés, desarmes. Em lugar de abraçar os companheiros que faziam gols, era abraçado por ter feito um.

Na Copa de 1958, começou como titular, fazendo uma dupla belíssima com Didi. No primeiro jogo, vitória contra a Áustria; no segundo, empate sem gols com a Inglaterra e uma pequena crise de identidade da seleção. O treinador Vicente Feola mudou quatro jogadores para tornar o time mais pegador e agressivo. Dida saiu e entrou Vavá. Garrincha substituiu Joel. Mazzola deu lugar a Pelé. E Dino foi substituído por Zito.

Mas ele alega que não foi uma mudança tática.

– Zito era um baita jogador, diferente de mim. Tinha muito pulmão, ia e voltava, um comandante que gritava com todo mundo. Só que meu músculo havia puxado, não tinha como enfrentar a União Soviética. Machuquei numa brincadeira, estourei o músculo e fiquei 60 dias me recuperando.

Zagallo, titular daquele time, e que jogou todas as partidas, confirma: "Zito deu uma dinâmica maior ao nosso jogo, mas Dino estava machucado sim. Ele tinha um problema crônico de músculo curto", relembra o Lobo, endossando o companheiro.

Porém, mais de meio século depois, as sardinhas continuam sendo puxadas para vários lados. Com a palavra, Zito: "Dino não estava machucado, Feola achou melhor fortalecer o setor defensivo, pois fomos muito atacados. Eu entrei porque tinha esta característica, nada que desmereça o talento enorme do Sani".

Zito entrou, Dino saiu e começou ali uma despedida da seleção. Orgulhoso pelo título mundial, voltou para o Brasil surpreendido com o delírio popular. Não tinha noção da importância do feito.

No ano seguinte, partiu para outros voos. E foi jogar na Argentina, pelo Boca Juniors. Não mudou seu jeito de atuar, continuou tocando rápido, fazendo lançamentos milimétricos, surpreendendo com chegadas fulminantes ao ataque. Dois anos depois foi parar na Europa, onde fez história e está presente nos anais dos grandes jogadores que o Milan já teve.

– Eu não precisei mudar de estilo em lugar algum, porque já tinha a forma europeia de jogar. Repondo rapidamente a bola. Nunca fui de partir para o drible, não tinha arranque para isso, mas numa disputa de bola, na técnica, eu podia driblar. Aliás, nunca fui de correr muito também não, eu fazia a bola e os outros correrem. A única coisa que mudei no meu estilo na Itália foi o bigodinho. Tirei porque me achavam muito velho com ele… Tirei e gostei, diverte-se o maestro.

Porém, é inegável que Dino Sani aprimorou ainda mais as noções de posicionamento em gramados europeus. E desenvolveu o senso de orientação que sempre teve. No Velho Continente, começava, instintivamente, a se preparar para a futura carreira de treinador.

Na estreia pelo Milan, por exemplo, perguntou ao companheiro Mazzola o que o treinador Nereo Rosso queria que ele fizesse. O time italiano vinha de uma goleada humilhante para a Fiorentina por 5 a 1. E Mazzola respondeu: "Olha, ele está dizendo que você precisa marcar o número 10 da Juventus…" mas nem terminou a frase. Dino resmungou, com a certeza de que era o camisa 10 que tinha que marcá-lo. O segredo, segundo ele, era sair para o jogo e não ficar esperando acuado no próprio campo. Foi pela própria cabeça, atuou como quis e ajudou o rubro-negro milanês a meter cinco na Velha Senhora.

Campeão europeu em 1963

Na cancha milanesa, Dino dividia as atenções com companheiros de respeito. Nesse mesmo Milan, trocava passes com Cesare Maldini, Giovanni Trapattoni e Rivera. Junto com eles, ganhou o primeiro título europeu da história do clube, em 1963. Depois vieram mais seis conquistas através dos tempos, com a participação de outros brasileiros, como Kaká, Leonardo, Serginho, Dida, Cafu...

Na primeira grande final, contra o Benfica, no posteriormente demolido estádio de Wembley, em Londres, outra passagem divertida do jogador treinador Dino Sani.

– O nosso técnico retranqueiro, o Rocco, veio com uma história que tinha que mudar a maneira de jogar do time. Seria preciso atuar em função do estilo do Benfica. Ora bolas, estávamos jogando de um jeito há muito tempo e ganhando tudo. Ele foi ver os portugueses e se encantou. Na preleção, antes da partida começar, ninguém falou nada no vestiário. Rocco olhou para mim e eu questionei. Não concordava com aquela história de marcar o tempo todo, tirar o ponta-esquerda, colocar o meu reserva na ponta, o Rivera mais na frente, Trapattoni para a frente, todo mundo marcando. Ah é? Então o problema era dele, fiquei atrás o primeiro tempo inteiro. Cobrei o Maldini: fala com ele!!! Ele não falava. Começou o segundo tempo, a mesma droga, mas com cinco minutos não aguentei. Vou mudar esta m. toda! O Rocco fez um gesto meio *blasé*... foi a senha para mim. Tomamos conta do jogo, viramos para 2 a 1 e Altafini ainda perdeu um monte de gols. Fomos campeões!

Três anos de Itália deram dinheiro suficiente para Dino Sani fazer um investimento para toda a vida. Comprou 16 apartamentos no bairro dos Jardins, em São Paulo, e até hoje vive da renda destes aluguéis. E como bom volante, continua administrando essa receita, ele mesmo, sem a ajuda de ninguém.

O comentarista Luís Mendes teve a felicidade de ver Dino atuando no Boca e no Milan.

– Ele era ofensivo à beça. Naquele episódio de 1958 [a substituição feita pelo técnico Vicente Feola, que colocou Zito no lugar de Dino Sani], alguns cronistas paulistas me garantiram que a seleção ficaria mais forte defensivamente. Mas Dino com a bola nos pés era perfeito. Interceptava as jogadas adversárias, não fazia marcação homem a homem, batia com as duas. E, por mais que digam que ele era lento, eu discordo. Era tão técnico que não perdia tempo, com isso tornava-se e veloz, indo para a frente e tendo uma recuperação tão rápida que não levava bola nas costas, conta Mendes, empolgado.

Apesar de começar no Palmeiras, Dino Sani foi ídolo no São Paulo.

Seu grande trunfo era antecipar o lance, tendo sempre três alternativas para quando recebesse a bola. Para a frente, para o lado e para trás, nesta ordem de importância. Cabeça em pé, vislumbrava antes o posicionamento de companheiros e adversários. E adorava surpreender.

A volta ao Brasil, pelo Corinthians

Depois de três anos no Milan, que o impediram de jogar pelo Brasil em 1962 por causa da teimosia nacional de não convocar jogadores "estrangeiros", Dino foi contratado em 1965 pelo Corinthians, onde atuou até 1968, fazendo uma dupla fascinante com o jovem Roberto Rivellino.

– Era uma delícia jogar com o Dino. Sabia onde você estava sem olhar para você. Inteligente, ele percebeu que os tempos eram outros e que o nosso time era um pouco mais rápido que o inesquecível São Paulo onde jogou. Não criou caso e tornou-se um volante moderno, um pouco mais veloz. Foi um dos melhores com quem joguei na minha vida – elogia, sem pudor, Rivellino.

São poucos os craques que atuaram no Trio de Ferro – Palmeiras, São Paulo e Corinthians. No Timão, Dino entrou em campo 116 vezes e marcou 32 gols. Não conseguiu quebrar o jejum de títulos do clube, mas deixou saudades na torcida.

Mas há pouco dizemos que ele adorava surpreender...

E o maior exemplo foi no Corinthians.

Já veterano e capaz de improvisações geniais, Dino estava jogando contra a Portuguesa, quando Flávio sofreu uma falta na entrada da área, mais para o lado direito. Como era de costume, Rivellino se aproximou e começou ajeitar a redonda. No gol da Lusa, Félix orientava a barreira, já esperando a bomba de canhota. Ao lado de Rivellino, Dino Sani observou o ângulo direito do gol e percebeu que, se ele, Dino, batesse de canhota, ela iria parar lá. Esperou o apito e, sem avisar ninguém, muito menos o Rivellino, foi para a bola e chutou de esquerda. Riva esboçou uma reclamação. "Tá reclamando de quê, foi gol rapaz!"

Muita comemoração?

Que nada, Dino gostava apenas de erguer os braços, assim poupava energias. E garante: "Eu sabia o rumo da bola. Cansei de comemorar o gol antes da torcida. E só uma pessoa percebeu isso. Um dirigente do Corinthians, Elmo Franchini, que me perguntou se eu fazia isso mesmo e eu confirmei".

Além dessa simpática empáfia, Dino também tem seus momentos de divertida humildade. Numa final do Campeonato Italiano de 1962, jogo duríssimo contra a Roma, ele recebeu a bola no meio de campo, fez a tabela, aproximou-se da área e preparou o chute, de esquerda mesmo. Mirou o ângulo, mas pegou mal na bola, que saiu meio torta e entrou caprichosa no outro ângulo. Sorte milanesa e fatalidade romana em pleno estádio olímpico. Milan campeão. Meses mais tarde, ganhou uma medalhinha de ouro de um torcedor da Roma, contendo uma figura bem-humorada, representando o quão sortudo Dino tinha sido naquela tarde.

Cabeceou a nuca de Barbosa e quebrou um dente

Mas a técnica contundente de Dino Sani não o impedia de ser um jogador aguerrido e destemido. Numa partida contra o Vasco, jogando pelo São Paulo, lá foi ele tentar um gol de cabeça na área carioca, subiu e testou a bola, mas acabou encontrando a nuca do goleiro Barbosa. Resultado: perdeu um dente.

Relembrar episódios, como esse, desperta um lado sentimental de Dino Sani. Apesar de não gostar de nostalgia, ele sabe que o futebol mudou muito. Orgulha-se de ter aberto as portas da Europa para muitos jogadores, possibilitando que hoje atletas consigam fazer rapidamente seu pé de meia em transferências milionárias. Mas acha que o futebol espetáculo, infelizmente, acabou. E o grande charme da posição de volante, que defendeu com orgulho durante 11 anos, perdeu-se no tempo.

– Congestionaram o meio-campo, começaram a colocar muito marcador e nenhum distribuidor. A tarefa de armar passou para os laterais, só que eles não sabem nem cruzar! Além do mais, o que se vê são cotoveladas, agarramentos, brigas dentro de campo, reclamações demais. A gente não dava cotovelada na cara, no máximo de leve, no estômago, e ninguém se machucava. O importante era jogar bola – desabafa Dino, realista, mas sem mágoa.

Fruto de uma geração elogiada como altamente qualificada tecnicamente, Dino aprendeu que ser um jogador técnico era matar a bola da forma mais bonita e correta, era lançar de modo preciso, driblar quando necessário e sempre usar o talento a favor do time.

– Era a técnica produtiva, não esta de Robinho e Ronaldinho Gaúcho, que serve para dar espetáculo. A nossa era mais para o time. Dominar uma bola rapidamente e fazer chegá-la ao destino certo. Quer ver um cara que jogava como a gente? Zidane. Esse era da nossa escola. Um toque, dois toques e já está na área, fazendo até gol de cabeça – pontua Dino Sani.

Seu único pesadelo tinha nome: Tostão

Mas não é possível que não existisse um jogador, um sequer, que tirasse o Maestro do sério. Fala sério, Dino! Ele confessa: "Havia sim. Tostão era o meu pesadelo. Se deixasse a bola no pé esquerdo dele, ele arrebentava, ia parar dentro do gol. Dentro da área era um desastre, impossível de marcar".

Só que a história de bandido vira história de mocinho em poucos minutos.

– Uma vez, pelo Corinthians, fomos jogar contra o Cruzeiro, dentro do Mineirão. Eu já avisei logo aos corintianos: "Deixa que eu marco a perna esquerda dele. Ele vai ser obrigado a girar e sair pela direita, nesta hora vocês dão o bote e pegam a bola". Metemos 4 a 1! Até Garrincha, então no Corinthians, fez gol.

E se você está triste porque não lembra ou nunca viu Dino Sani jogar, relaxe, os pais dele também não.

Caetano Sani e Maria Sani não eram amantes de futebol. Em lugar de irem ao Palestra, ali pertinho de casa, ou ao Pacaembu, na época longe para diabo, preferiam visitar os pais de Maria na chácara do Matarazzo, no Tatuapé. Lá, bisbilhotavam a fábrica de massas Petybon, admiravam os belos cavalos manga-larga, divertiam-se com as emas e ouviam histórias dos pioneiros da família. Vindos da região de Ferrara e de Lucca, na Itália, chegaram ao Brasil junto com o Matarazzo mais famoso e para ele trabalharam a vida inteira.

O máximo que Caetano e Maria se permitiam era dar um pulo nos campos de várzea onde hoje é a avenida Sumaré, e ver se estava tudo bem com o menino Dino. Sabe-se lá a razão, o *bambino* adorava jogar bola, queria uma de presente em todos os natais e já fazia sucesso num time do bairro, o Flor da Vila Pompeia, antes de dedicar toda a infância e adolescência às categorias de base do Palmeiras.

Deu no que deu.

E hoje a página oficial do Milan na internet dedica alguns belos parágrafos em italiano para o filho de Caetano e Maria, cuja tradução é a seguinte:

Sani estreia na série A em 12 de novembro de 1961 e joga com o Milan por três temporadas, vencendo o Escudeto em 61/62 e a Copa dos Campeões em 62/63.

Jogador dotado de uma enorme inteligência e visão de jogo, Sani é um centromédio legítimo, capaz de achar sempre o companheiro melhor colocado e servi-lo com uma bola precisa. Os torcedores rubro-negros rapidamente esqueceram Gunnar Gren. Depois de poucas aparições, o brasileiro demonstra seu talento na armação, no desarme e no posicionamento. Tudo isto emoldurado pela arte futebolística brasileira, posta sempre a serviço dos companheiros e nunca individualista. Por isso, Sani se torna fundamental nos esquemas de Nereo Rocco, capaz de completar e equilibrar ao máximo a proposta tática do time. Ao fim da temporada 63/64, o jogador decide, porém, deixar a Itália por causa de contínuas dores musculares devido ao clima e volta ao Brasil, onde, com 32 anos, continua desfilando toda sua classe.

Que prestígio, Dino Sani. "Mas que conversa mole é essa de que eu voltei por causa de dores musculares? Eu já não estava satisfeito com o treinador e quis voltar!", afirma. Que figura, Dino Sani.

DINO SANI
(23/5/1932)

TÍTULOS	São Paulo	Campeonato Paulista 1957
	Milan	Campeonato Italiano 1962
		Campeonato Europeu 1963
	Corinthians	Torneio Rio-São Paulo 1966
	Seleção brasileira (24 jogos e 2 gols)	Copa do Mundo 1958
		Taça Osvaldo Cruz 1958
		Troféu Bernardo O'Higgins 1959
		Copa Roca 1960

ENTREVISTA
ZITO

"Dava gosto ver a elegância de Dino em campo."

Feliz o país que tem em sua seleção dois monstros para a mesma posição. Era assim na Copa do Mundo de 1958, na Suécia. Nos dois primeiros jogos, Dino Sani comeu a bola. Mas Vicente Feola cismou que o time precisava ser mais dinâmico e seguro na defesa. Tirou Dino e colocou Zito. O reserva virou titular, ficou até a final e depois comemorou junto com Dino o primeiro título mundial do futebol brasileiro.

Zito e Dino Sani são dois polos antagônicos, porém convergentes. Zito falava demais. Dino era quietinho. Zito corria por todos os lados do campo. Dino deixava a bola correr e raramente a conduzia por mais de 15 metros. Zito só foi do Santos. Dino jogou no Palmeiras, São Paulo e Corinthians.

Companheiros e adversários de longa data, os dois nasceram no mesmo ano, 1932, e tiveram trajetórias diferentes até se encontrarem em lados oposto do campo.

Um nasceu em São Paulo. O outro nasceu em Roseira, interior de São Paulo.

Dino ainda mora em São Paulo. Zito mora em Santos.

Dino diz que se divertia com os gritos de Zito.

Zito diz que era muito fácil marcar Dino: era só deixá-lo sozinho porque era inofensivo no ataque.

Quando se encontram, divertem-se com as velhas histórias e discordam de vez em quando, só para não perder o hábito.

E mais uma vez voltam a cruzar os bigodes. Aliás, eis aqui uma convergência: ambos usaram bigodinhos no início da carreira. O encontro,

Zito disputava posição com Dino na seleção e admirava o estilo do rival.

dessa vez, se dá sobre o tapete da literatura – eleitos neste livro como os melhores volantes do futebol brasileiro. Aliás, nenhum dos entrevistados presentes nestas páginas discordou da escalação de ambos.

A entrevista foi realizada numa tarde fresca na Vila Belmiro. E os autógrafos e fotos do grande volante do Santos foram inevitáveis.

Mas é hora de Zito falar de Dino Sani. É hora também de Zito desmentir algumas verdades de Dino Sani. Um dissílabo falando do outro. Aliás, o Brasil tem uma sorte com dissílabos no futebol. Zico, Dida, Pelé, Dudu, Kaká, Vavá, Pita, Titã, Lico, Dino, Zito...

O que o Gerente acha do Maestro?
O Brasil foi um país fabuloso quando o assunto era a posição dos médio-volantes. Tínhamos o fantástico Danilo Alvim no Rio de Janeiro, que jogou no América e no Vasco; aqui no São Paulo o Bauer também jogava uma barbaridade, e acho até que o Dino aprendeu muita coisa com ele. Já o Dino Sani era um jogador técnico, dava seus pontapés também, mas era muito mais técnico do que eu, ou melhor, do que todos na época dele. Foi um grande jogador, cheio de estilo, tinha classe. Era bonito vê-lo em campo. Não tinha aquela garra tão característica do meu estilo, mas sabia jogar demais, não à toa chamou a atenção de times como o Boca Juniors e o Milan.

O que era ser exatamente técnico?
Quando falamos de volantes, dá para separar bem duas escolas. A dos jogadores técnicos e a dos guerreiros. O meu futebol não era técnico, era guerreiro, o Dunga, o Clodoaldo idem. Dudu e Piazza também são da minha escola. Fomos volantes guerreiros, pois lutávamos os 90 minutos e fazíamos os outros jogadores lutarem também. Quem não quisesse guerrear, seja no Santos ou na seleção, ia se ver comigo. Já o Dino compensava essa falta de espírito guerreiro com muita técnica, ou seja, resolvia do jeito dele. O Bauer era assim também, o Dequinha, o Andrade, o Roberto Belangero...

Será que é por isso que Dino se considerava um jogador lento?
Por tradição, o jogador técnico normalmente é mais lento. Vou dizer uma coisa que pode parecer polêmica. Você acha que o Pelé era técnico? Não, senhor. Ele era guerreiro, mas usou a inteligência que Deus lhe deu para brilhar.

O Dino era mudo em campo?
Ele não precisava falar, ele jogava. Disputei várias partidas contra ele, inúmeros Santos x São Paulo e até alguns Santos x Corinthians. Era difícil pacas. Quando você chegava perto para marcá-lo, ele já tinha rapidamente feito o passe para alguém.

E a disputa pela posição na seleção?
O último jogo que fizemos antes de embarcar para o Mundial da Suécia, em 1958, foi um amistoso contra o Paraguai, no Maracanã. Acho que o Dino fez a maior partida da vida dele. Acabou com o jogo, foi aplaudido e ovacionado pela torcida. Eu, no banco, pensei com as minhas chuteiras, não vou jogar é nunca nesta Copa.

Mas veio a Copa, ele jogou duas, se machucou, você entrou no terceiro jogo e não saiu mais...
Vou te dizer uma coisa, eu sinceramente não sei se ele se machucou ou se foi uma opção tática do treinador. Aqui em São Paulo, durante os campeonatos paulistas, o seu Feola adorava me chamar em público de "cavalo do Jair". Porque, no Santos, o Jair da Rosa Pinto chegou meio no final de carreira e já não corria mais. E eu o carregava nas costas. E talvez por analogia, por me achar um guerreiro, um cavalo, sentiu a necessidade de me colocar no lugar do Dino para o time ter mais pegada. Até porque seu Feola era são-paulino e gostava da turma do São Paulo. E Dino era ídolo no São Paulo.

Existia alguma rivalidade entre vocês?
De jeito algum. Rivalidade era só no Campeonato Paulista, e dentro de campo. Nunca houve um atrito com ele. Somos amigos até hoje.

Se eu fosse torcer para ele jogar mal na seleção, estaria jogando contra o patrimônio nacional.

Dino diz que não foi convocado em 1962 porque jogava no Milan e não se costumava chamar os "estrangeiros". Você concorda?
Não sei por que ele não foi. Mas essa história de estrangeiros é conversa. Eles trouxeram o Amarildo! [em 1962, Amarildo ainda estava no Botafogo do Rio de Janeiro.] Talvez, novamente, ele tenha sido vítima desta preferência por um jogador guerreiro, já que o Zequinha foi no lugar dele. E além do mais, já tínhamos o Didi, que não corria atrás de ninguém. Tenho esta impressão com relação a Copa de 1962, mas nunca conversamos pessoalmente sobre isso.

Vocês, santistas, não tinham ciúmes da carreira brilhante de Dino Sani no exterior?
Não, porque tínhamos muito orgulho do Santos. Para nós, era o melhor time do mundo. Então, para que sair? Fazer o que lá? Só por dinheiro? Isso não balançou nem o Pelé, pois não mexia com a nossa cabeça. Felizmente para o Santos. Agora, não sei se o Pelé no final de carreira se achou prejudicado por não ganhar tanto aqui e não ter ido para fora, achando que jogador era escravo. Pois inventou de fazer a terrível Lei Pelé que, infelizmente, acabou com o futebol brasileiro. Hoje a conversa desses meninos de 13 anos é jogar no Milan, no Manchester. Aí, o futebol brasileiro, que está uma porcaria, vai ficar ainda pior. A lei diz que eles só podem ir aos 18 anos, mas eles arrumam um jeito da família ir trabalhar fora. O clube também tem que ganhar dinheiro e não só o jogador.

Vamos dizer que amanhã jogarão Santos x Milan. Aquele Santos e aquele Milan. Como anular Dino Sani, que adora dizer que não marcava ninguém e sim era marcado?
Muito simples. Eu iria anular ele. Eu diria: deixa o Dino comigo. Ele não era o problema, o problema era o atacante. Dino joga bonito? Então, para marcá-lo, deixa jogar sozinho, não vai criar

nada. Muita beleza, tocava no peito, tocava ali, tocava lá... mas não chegava aqui na frente da nossa área.

Como não? Ele não fazia vários gols de fora da área?
É verdade. Chutava bem. Não era fominha. Mas conosco ele não metia gol não! Vou te falar a verdade, mesmo sendo um rival, a gente gostava de ver um jogador técnico como ele jogar. Só que ele não corria muito, o negócio dele era desfilar seu estilo. E tem uma coisa, era bravo para caramba em campo, pensando bem, e lembrando bem, falava muito palavrão! Não agredia ninguém, mas queria apitar o jogo que era uma beleza. Qualquer coisinha, falava "falta" e os juízes entravam nessa.

Hoje ele jogaria fácil? E você?
Para o Dino jogar hoje seria um pouco mais difícil, porque o futebol mudou muito. Ele teria que se adaptar. E como era craque, talvez conseguisse. Já eu jogaria fácil, fácil. Para mim seria até bom, viu? O Dunga está fazendo sucesso até hoje.

Como surgiu a amizade de vocês?
Desde os tempos das convocações para a seleção paulista e depois na seleção brasileira, quando nos reuníamos. O problema daquele São Paulo do Dino não era o Dino, e sim o Gino. Esse era brabo. Uma vez me deu uma cotovelada que quase morri, não conseguia respirar. Gino era bruto, guerreiro, valente, dava pontapé... O Dino não. Nunca soube que o Dino tenha brigado com alguém para valer. Jamais abriu mão da elegância e do jeito clássico de atuar. Mas era um jeito clássico rápido. Do passe preciso. Sem enrolar muito.

Foi bom treinador?
Tentei contratá-lo para treinar o Santos aqui na Vila e o desgraçado não quis, e nunca explicou porque não quis vir. Foi na mesma época em que recusou substituir o João Saldanha na seleção. Ele não achava justo, pois discordava da demissão do João. Dino é um barato...

Ele diz que nunca mudou o estilo de jogar...
Claro que ele mudou! Se não mudasse, não teria jogado tão bem na Argentina e na Itália. É igual hoje em dia, se você for jogar em algum time do Sul tem que se adaptar ao estilo deles, ora essa. Inclusive, no Corinthians, quando Dino retornou da Europa, dava para sentir que ele era outro jogador e não aquele que jogava seis anos antes no São Paulo.

Você acha que ele enganou quando voltou?
Olha, no fim da minha carreira, eu, com o joelho ruim (aliás, está ruim até hoje), ainda jogava. Mas já estava enganando... até que numa jogada, na Vila Belmiro, senti uma dor tão estranha no joelho que parei na hora e dei a camisa 5 para o Clodoaldo. O Dino voltou mais inteiro. É claro que a disposição de antigamente você vai perdendo, mas ele aproveitou que estava ao lado de uma molecada boa no Corinthians e ainda jogou três anos. Ensinou muito ao Rivellino, que era elétrico e apressado, e passou a jogar com mais calma e até elegância.

Por sua culpa, pela sua trajetória vitoriosa na seleção, Dino Sani acabou ficando em segundo plano na história do nosso futebol?
Ele pode ter ficado em segundo plano no Brasil, afinal ficou seis anos fora daqui, mas internacionalmente teve muito prestígio. É relativo falar em quem foi mais vitorioso. Eu ganhei tudo com o Santos, mas ele foi campeão italiano e europeu com o Milan.

CAPÍTULO 4

DUDU

O Carrapato da Academia
marcava como ninguém
e fez uma dupla inesquecível
com Ademir da Guia.
Mas, ao contrário
do que pensam, também era
habilidoso e bom de bola.

O Vasco jamais teria sido campeão da série B do Campeonato Brasileiro de 2009 se não fosse Dudu. O grande Dudu da Academia. O maior volante que os palmeirenses já viram vestir a camisa verde. Delírio? Drogas pesadas? Insanidade? O que Dudu, que nasceu em Araraquara, interior paulista, e só jogou na Ferroviária e no Palmeiras, tem a ver com a saga vascaína no retorno à primeira divisão?

Dudu, ele mesmo, talvez nada. Mas o tio Dudu tem muito a ver com isso. Seu sobrinho, Dorival Silvestre Júnior, foi o treinador do time carioca no ano da inesquecível redenção. Aliás, ninguém da família jamais tinha tido experiência profissional no Rio de Janeiro. Nem Dudu nem Dorival jogaram na Cidade Maravilhosa. E o velho volante também não possui no currículo de treinador passagem alguma pela antiga capital.

Mas Dorival Júnior acreditou na proposta do presidente vascaíno, Roberto Dinamite, e trocou o Coritiba pelo Vasco. Porém, continua a dúvida: o que Dudu tem a ver com isso?

O próprio Dorival responde.

– Eu só virei jogador de futebol por causa da tradição da família. E Dudu foi o pioneiro, pois saiu de Araraquara para ganhar a vida e fazer nome no Palmeiras. Depois, meu pai, cunhado dele, virou diretor de futebol. Ou seja, se não fosse tio Dudu... toda a minha história podia ter sido diferente.

E a do Vasco também.

Parabéns aos vascaínos, mas vida que segue. O que nos interessa agora é viajar ao passado pelos olhos de um menino sonhador, deslumbrado, cujo maior ídolo era o irmão da mãe, dona Odissea.

Tio Dudu era ídolo do sobrinho Dorival

O menino Dorival, nascido em Araraquara, era conhecido por Júnior na vizinhança e nos campinhos de pelada. O pai, gerente de banco, foi transferido na virada dos anos 1970 para a cidade de Três Lagoas, no Mato Grosso do Sul, onde viveu com a família durante quatro anos. Foi lá que Dorival passou a ter outro apelido. Dudu.

Também pudera. O orgulho que o menino tinha do tio, astro do Palmeiras, era do tamanho do Pantanal. Por causa dele, estudava, estudava e estudava para poder terminar o ano sem risco de ficar em segunda época e poder, assim, pegar estrada rumo a São Paulo, onde ficaria grudado em Dudu até o fim da temporada do futebol. Tardes inesquecíveis a bordo do fusquinha verde do craque. Era o programa preferido. Ir aos treinos do Palmeiras, ficar atrás do gol pegando as bolas para Ademir, Luis Pereira, Leivinha, Leão… "Sabe o que mais me emocionou quando voltei ao Palestra, anos depois, já como jogador? O cheiro do eucalipto misturado com as pomadas que eles usavam. Está lá até hoje", relembra Dorival Júnior.

Eram momentos mágicos. Na arquibancada, o pequeno Dorival ficava sentadinho, assistindo aos jogos do Palmeiras. Morumbi, Pacaembu, Parque Antártica. De lá, ele via o tio Dudu desfilar segurança, seriedade e entrega ao time do coração. Por isso, a revolta do hoje técnico Dorival com o rótulo dado ao jogador de Carrapato.

Carrapato ou não carrapato, eis a questão

– Diziam que Dudu era um marcador implacável, um carrapato e só. Mentira! Para quem não sabe, Dudu foi o maior jogador de futebol de salão que Araraquara já viu. Jogava no ADA, rival da Ferroviária. Depois, quando foi para o campo, atuou de meia-armador várias vezes, fazendo uma dupla inesquecível com Bazzani. Tinha habilidade e um passe certeiro. Antecipava-se como ninguém e possuía noções de posicionamento impressionantes – relembra Dorival Júnior.

Dudu foi um elo perdido no mundo dos volantes. Acostumada a ver e aplaudir jogadores elegantes desfilando pelos gramados nos anos 1950-60, a crônica esportiva se assustou com o moço de Araraquara. Se era para colar em Pelé ou Pedro Rocha ou Rivellino, Dudu colava mesmo, e abdicava do prazer de armar. Esta entrega enorme à função possibilitou a Ademir da Guia um infinito mundo de jogadas. Dudu garantia a marcação de tal forma que Ademir podia dar-se ao luxo de apenas brilhar com seus dribles e lançamentos primorosos.

Era uma dupla emblemática e enzimática. E como a beleza plástica do jogo de Ademir saltava aos olhos, poucos percebiam uma inovação tática maravilhosa criada pela Academia. Como os adversários tinham a noção errada de que Dudu era sinônimo apenas de marcação, preferiam centrar toda a atenção em Ademir. O Divino, esperto como ele só, ia recuando, recuando, atraindo a marcação inimiga e permitindo que Dudu saísse para jogar. Muitas jogadas inesquecíveis para os gols de César e Leivinha começaram dos pés deste elemento surpresa.

Entretanto, ficou a ideia de que Dudu, com seu vigor e fôlego implacáveis, marcaria o fim da era dos volantes habilidosos. Afinal, como bem nota o narrador Luis Roberto, "era um vigor impressionante! Corria o campo todo. A garantia para que Leivinha e Ademir da Guia fossem os maestros da Academia". Isso e muito mais. Revisitando a história e olhando a cronologia da evolução da posição, é fácil perceber que Dudu trouxe características novas à função, pois flutuava como um pêndulo na frente da área e ainda permitia, novamente com sua entrega e diletantismo, que o zagueirão Luis Pereira avançasse tresloucado rumo a área adversária, de cinco a seis vezes por partida.

Era o primeiro a reclamar dos juízes

Dentro de campo, Dudu não era quieto nem discreto como fora dele. Reclamava uma barbaridade dos juízes e gritava bastante com os companheiros, mesmo não sendo o capitão. Mas eram gritos de incentivo, de posicionamento, de liberdade. "Vai, Ademir, que eu fico!", "Vai Luis, que eu garanto aqui atrás". Foi o eixo de todas aquelas feras. A base de sustentação do Palmeiras inesquecível que despontou nos anos 1970 como o time da moda. Assim como Zito, poderia, então, ser comparado a Dunga?

– Que nada, Dunga é sinônimo de destruição, de antijogo, bem diferente de Dudu, que sempre soube jogar. Se fosse para comparar, certamente seria com Batista, outro baita jogador, com uma entrega absurda ao time. Joguei com ele no Grêmio – recorda e compara o goleiro Leão.

Olegário Tolói de Oliveira teve dois apelidos na vida. Um de fácil explicação. O "moço de Araraquara", por causa da origem e dos anos que passou jogando na Ferroviária. O outro, por mais curioso que possa parecer, ninguém sabe explicar o motivo. Nem ele. Se não se chamava Eduardo, Duílio ou Dutra, por que Olegário virou Dudu? "Isso foi coisa do meu avô, Redenti, que me colocou esse apelido desde que nasci. Mas não tenho a menor noção da razão", diz Dudu. O próprio sobrinho Dorival, em missão para ajudar a literatura brasileira, passou 15 minutos da entrevista que concedeu ligando para a parentada toda em Araraquara. Ninguém sabia explicar. A versão do vô Redenti era a única conhecida.

Enquanto o "moço de Araraquara" ia atravessando a década de 1960, ganhando títulos e protagonizando uma espécie de transição no coração de quem ama o futebol, o sobrinho Junior já ia se arriscando nas categorias de base do Ferroviária. Os monstros sagrados do Santos começavam a dar sinais de cansaço e o Palmeiras voltava a brilhar no cenário nacional. Com Dudu em campo, o time ganhou o Torneio Rio-São Paulo em 1965, o Campeonato Paulista de 1966, a Taça Brasil e o Torneio Roberto Gomes Pedrosa em 1967, foi bi do Robertão em 1969 e finalmente conquistou o bicampeonato brasileiro em 1972-73.

Várias camisas dessas conquistas, todas elas com o número 5 às costas, poderiam estar guardadas até hoje, com carinho, nas gavetas de Dorival. Perderam-se com o tempo, junto com aquela infância encantada.

A nostalgia, porém, está intacta no coração do sobrinho. O pequeno Dorival adorava contar para os amigos as histórias de suas viagens à capital, mostrava as tais camisas que ganhava e sonhava bater bola com Dudu na cidade natal, mesmo de brincadeirinha. Mas o tio chegava a Araraquara, nas ocasiões festivas ou nas férias, ia visitar religiosamente todos os parentes e, sem alarde, preferia não se exibir em público. O jeito desconfiado de homem do interior, a calma e a prudência nas decisões, a correção nas atitudes foram os maiores legados para o sobrinho, que não titubeou em escolher a posição: volante!

Os conselhos que Dorival Júnior recebeu demonstravam bem a personalidade de Dudu. "Dedique-se aos treinos, porque depois você não vai ter mais tempo de aprimorar os fundamentos. Não queira atropelar os fatos. Nada pode acontecer antes do tempo", dizia ele.

Andando na rua, ninguém dizia se tratar de Dudu

E é do pupilo Leão, do companheiro Leão, do comandado Leão pelo técnico Dudu em 1976 que vem uma das melhores definições deste estilo totalmente ímpar do volante Dudu:

– Ele era um senhor jogador de futebol. Mas também era um senhor jogando futebol, parecia tão velho, sem ter aquela idade, e tão capaz e tão gigante dentro do campo... se você o visse na rua andando, jamais diria que aquele era o Dudu, mas sim um velhinho comum. Ele andava com um paletozinho, jaqueta e guarda-chuva, mas quando colocava a camisa do Palmeiras era um gigante. E dava a liberdade para o Ademir se tornar o maestro. Em Los Angeles, ele receberia, certamente, a estatueta do Oscar de melhor coadjuvante.

Tanta prudência, serenidade e discrição muitas vezes foram confundidas com falta de ambição ou carência de marketing. Há quem ache que Dudu nunca teve, tem ou terá noção do que representa para o futebol brasileiro e para a enorme torcida do Palmeiras. Poucos sabem, por exemplo, do seu passado de meia-armador. Ele nunca contava.

Milton Leite, outro grande narrador contemporâneo, assim define Dudu:

– Um marcador por excelência. Formou com Ademir da Guia uma dupla inesquecível e completa no Palmeiras. Para muitos, um dos maiores marcadores de Pelé no futebol brasileiro. Seriedade, dedicação e precisão que permitiam à famosa Academia jogar bonito.

A precisão descrita por Milton era uma das maiores qualidades de Dudu. Raramente errava passes e preferia, ao invés dos grandes e arriscados lançamentos, tocar curto, rápido, para receber na ponta. Fazia a bola girar de um lado para o outro, de preferência no campo do adversário.

Sócio de carteirinha das duas Academias

A famosa Academia teve duas versões. Uma charmosa, outra vitoriosa. A charmosa encantava pela história e talento dos jogadores. Era 1965 e o palmeirense sabia de cor escalar Valdir, Djalma Santos, Djalma Dias, Valdemar Carabina e Ferrari; Dudu e Ademir da Guia; Gildo, Servílio, César e Tupãzinho. A vitoriosa, formada poucos anos mais tarde, tinha Dudu, Ademir, César e mais oito leões. Ou melhor, um Leão e dez craques.

– Pergunte a qualquer torcedor mais antigo qual a formação mais inesquecível do clube. Ele imediatamente vai saber dizer: Leão, Eurico, Luis Pereira, Alfredo e Zeca, Dudu, Ademir e Levinha, Nei, César e Edu", orgulha-se o goleirão.

E cabe ao jornalista Odir Cunha teorizar sobre um dos grandes mistérios do futebol brasileiro. Se Dudu era tão bom assim, por que jogou tão pouco na seleção? Apenas 13 jogos e um golzinho.

A maior dupla da história do Palmeiras: Dudu e Ademir da Guia.

– Ademir da Guia teria sido o mesmo sem Dudu? Acho que não. O craque que veio da Ferroviária carregava o piano para o Divino solar. Dudu era um carrapato para marcar, mas também sabia sair jogando e até marcava gols. Um volante que hoje seria titular da seleção. Pena para ele ter vivido em uma época de ouro, em que o meio-campo era território de craques – teoriza Odir.

Ele tem razão. Se na seleção jogou tão pouco, no Palmeiras só perde em presenças para Ademir da Guia e Leão. Olegário Tolói de Oliveira fez 609 partidas pelo Palmeiras de 1964 a 1976. Chegou a ser convocado naquela lista louca de 47 jogadores feita por Vicente Feola, visando à Copa de 1966, mas não conseguiu ficar no rol dos definitivos para o Mundial da Inglaterra. Em 1970, também foi preterido por Zagallo e, na Copa seguinte, para sua alegria e tristeza, embora o Palmeiras tenha cedido seis jogadores para a seleção, Dudu não era nenhum deles.

A mais cruel das ironias é pensar que seu grande parceiro, Ademir da Guia, um dos maiores jogadores que o Brasil já teve, um gênio com a bola nos pés, também tinha esta mesma personalidade psicológica de Dudu. Ambos eram tímidos, muito tímidos, e não faziam propaganda de seus próprios feitos. Há quem diga que se na frente tivemos Pelé e Coutinho, no meio havia Dudu e Ademir. Pois bem, Ademir só jogou 12 vezes pela seleção brasileira. Infelizmente, a simplicidade e humildade de Dudu e Ademir foram os maiores obstáculos para uma carreira mais duradoura com a amarelinha.

– Também não podemos esquecer que naquela época mantinha-se muito a escalação da seleção. Eu, por exemplo, de tanto ver o Clodoaldo médio-volante, achava até que a posição se chamava Clodoaldo. Mas tio Dudu ficou um pouco frustrado, principalmente na Copa de 1970 quando ele estava em plena forma, e tinha condições de lutar por uma vaga no time que foi para o México – revela Dorival.

E entra aí mais uma ironia nesta cruel relação entre Dudu e a CBD [que a partir de 1979 passaria a ser chamada de CBF]. No dia 7 de setembro de 1965, numa semana de festas pela inauguração do Mineirão, em Belo Horizonte, foi marcada uma partida celebrando a data e a fundação do estádio. Por causa do calendário e da dificuldade de reunir a seleção, o Palmeiras foi escolhido para representar o Brasil contra o Uruguai. E lá estava Dudu com a camisa amarela e a alma verde, para ajudar na vitória por 3 a 0. Mas jogar uma Copa que é bom, nada.

Espírita, sempre quis fazer o bem

Mas Dudu não reclamava. Aliás, Dudu só reclamava de uma coisa. Dos juízes. Era o primeiro a chegar junto ao homem de preto quando ocorria uma marcação polêmica. No melhor estilo Zito, também orientava o time à base da energia vocal. Só que quando acabava o jogo, voltava para o seu mundo interior, que era muito mais rico do que seus companheiros imaginavam. Nenhuma roupa extravagante, nenhum carro último tipo, nenhuma ostentação. Boa parte dos salários ia para outra missão. A filantrópica. Espírita praticante, Dudu distribuía cestas básicas todo final de ano a várias comunidades carentes da periferia de São Paulo. Mas jamais quis catequizar seus companheiros de clube. Desde cedo, percebeu sua capacidade mediúnica e não se recusou a desenvolvê-la. Religioso ao extremo, optou por uma vida franciscana e até hoje ajuda aos mais necessitados.

Por isso fica a dúvida se Dudu, pelo desprendimento demonstrado durante toda a carreira, e até mesmo hoje em dia, durante seus passeios matinais pelas ruas da Vila Madalena e de Perdizes, realmente não tem noção da importância que teve para o Palmeiras e também para o futebol brasileiro. É muito mais fácil acreditar que a relação de Olegário com este mundo está em outro nível, outra dimensão. Quando vai aos inúmeros jantares e encontros que celebram o futebol de outrora, continua ocultando seus trabalhos sociais. Não conta para ninguém que quase todos os sábados distribui cestas básicas nos cantões miseráveis da grande metrópole. Em momento nenhum, se vê como ídolo. Continua muito ligado à família e de vez em quando repete a cena que protagonizou em 1974, dias depois da conquista inesquecível do Campeonato Paulista contra o eterno rival Corinthians. [Ao entrar num bar, é reconhecido, mas finge que apenas se parece fisicamente com um tal Dudu do Palmeiras.]

Pausa para uma conversa com Leivinha.

João Leiva Campos Filho. Se Dudu é tio de Dorival, Leivinha é tio de Lucas, promissor e habilidoso volante revelado pelo Grêmio e hoje jogando no Liverpool da Inglaterra.

Com Leivinha, um Palmeiras meio Machado de Assis

Leivinha era o bônus da dupla Dudu e Ademir. A cereja do bolo. A pimenta do tutu. A azeitona da empada. O futebol foi evoluindo e tornava-se cada vez mais difícil manter um meio-campo povoado apenas por dois jogadores, enquanto os quatro de trás defendiam e os quatro da frente atacavam. Leivinha chegou ao Palmeiras em 1971 e encaixou-se perfeitamente como o novo terceiro homem do meio-campo palestrino. Uma espécie de ponta de lança avançadíssimo e impecável no cabeceio.

Agora a pausa é para Machado de Assis.

"Guiomar, que estava de pé defronte dele, com as mãos presas nas suas, deixou-se cair lentamente sobre os joelhos do marido, e as duas ambições trocaram o ósculo fraternal. Ajustavam-se ambas, como se aquela luva tivesse sido feita para aquela mão." Eis a metáfora perfeita, sem pudor do ridículo, roubada descaradamente do romance *A mão e a luva*. Leivinha foi a luva que modernizou Divino e Carrapato. E o craque não se faz de rogado nos elogios àquele time, àquela época e Dudu.

"Ele sempre foi um pouco diferente dos demais. E assim como o Ademir, era muito calado, porém dotado de uma responsabilidade enorme. O grande capitão do nosso time era Dudu e não Ademir", entrega Leivinha, sem medo de usar a velha expressão. "Dudu carregava o piano para o Ademir, que era um monstro jogando bola." No início dos anos 1970, Leivinha era garoto, 21 anos, e olhava admirado aquele casamento tão exato. "Era o obreiro e o engenheiro. Por isso deu certo. Senão o prédio caía."

Conversar com essa turma é passear numa espécie de túnel do tempo. Mas não o túnel do seriado americano. O túnel do vestiário. É sentir novamente o tal cheiro de eucalipto, é tocar nos sábios azulejos das paredes, que viram tanta história nestas últimas décadas. Leivinha destaca a importância tática de Dudu para a Academia, pois ele se limitou a fazer o que lhe pediam e nunca reclamou. "Talvez, hoje, seria visto de outra forma e também ganhasse os holofotes. Sempre foi um cara de grupo, que jamais se importou em ganhar os louros só para si", elogia.

Até hoje, Leivinha e Dudu se reencontram, principalmente para participar dos eventos nostálgicos que homenageiam aquela turma toda do Palmeiras histórico. Quando se abraçam, o diálogo é o mesmo. Leivinha chama Dudu de "velhinho", como nos velhos tempos, quando já tinha o codinome, mesmo sendo o parceiro jovem. "Éramos moleques e ele segurava a gente, nosso ímpeto, dava conselhos." Além de fazer o imposto de renda de todo o elenco!

A bolada no rosto mais famosa do Morumbi

Leivinha viu de perto um dos lances mais antológicos da carreira de Dudu.

Era 1974. Palmeiras e Corinthians decidindo o título paulista. No primeiro jogo, 1 a 1 no Pacaembu. Gols de Edu e Lance. O clube alvinegro amargava o famoso jejum de títulos. Já eram 20 anos sem levantar uma taça. Confiantes, cerca de 90 mil corintianos encheram o Morumbi no segundo jogo. Talvez temendo o pior, a torcida palmeirense acabou sendo minoria, completando a fantástica marca de 120 mil pessoas no estádio do São Paulo. Só viram um gol. O voleio de Ronaldo, completando cabeçada de Leivinha. Porém, viram uma demonstração de fibra e coragem que ficou para sempre nos anais da história palmeirense.

Um pouco antes do gol do título palmeirense, Rivellino se arrumou para bater uma falta. Na barreira, lá estava Dudu, sem temer nada, mesmo tendo fraturado o nariz em Curitiba no Campeonato Brasileiro um ano antes. Veio a bomba! Bem no rosto de Dudu, que caiu desacordado no gramado. O técnico Osvaldo Brandão saiu correndo do banco, pegou o balde do massagista e jogou água com gelo no rosto do volante alviverde. Depois do atendimento médico fora de campo, o guerreiro conversa com o juiz Dulcídio Wanderley Boschilla e retorna ao campo, a tempo de formar uma outra barreira em nova falta para o Corinthians. O ato, segundo os místicos, encheu de brios a equipe palmeirense, que em pouco tempo liquidou o jogo, calou a maioria corintiana e ainda permitiu que seus torcedores cantassem, ironizando o jejum adversário que aumentava para 21 anos: "Zunzunzum... é 21!"

Leivinha jogou ao lado de Dudu e contra Dudu, experiência que ele nem gosta de lembrar muito.

– Quando eu jogava na Portuguesa, antes de ir para o Palmeiras, cansei de enfrentá-lo. Era um chato. Um carrapato. Dentro de campo se transformava e se tivesse que pisar em cima de alguém ele pisava. Mas fora de campo era uma moça. Todo treinador quer ter um cara desses. Sério! Que quer ganhar todos os jogos, todos os treinos... muito diferente dessa falta de responsabilidade de muitos atletas hoje em dia.

Fora de campo, porém, não queria saber de confusão. Era refém de um conformismo que só o atrapalhou. Guardava para si as eventuais frustrações. Para discutir os prêmios com a direção, iam Leivinha, Luis Pereira e Leão. Dudu não gostava disso. "Incrível! Ele e Ademir representavam uma era do Palmeiras e, no final das contas, na ponta do lápis, nós ganhávamos mais do que eles", relembra Leivinha.

Fugia da imprensa. Não gostava de aparecer. A vaidade não fazia parte do seu vocabulário. Sacrificava-se lá atrás, mas ficava satisfeito que com isso o seu pessoal resolvia lá na frente. Tanta renúncia particular poderia tê-lo levado ao ostracismo e ao esquecimento. Mas, para seu desespero e timidez, é reconhecido e venerado até hoje como o melhor volante da história da Sociedade Esportiva Palmeiras.

DUDU
(7/11/1939)

TÍTULOS	Palmeiras	Campeonato Paulista 1966, 1972, 1974
		Torneio Rio-São Paulo 1965
		Torneio Roberto Gomes Pedrosa 1967, 1969
		Campeonato Brasileiro 1972, 1973
	Seleção brasileira (13 jogos e 1 gol)	Taça Osvaldo Cruz 1968

ENTREVISTA
LEÃO

> "Ninguém gostava de ser marcado por ele. Era aquele cão paulistinha, pequenininho, mas que mordia o tornozelo de todo mundo."

Ele fala o que pensa e, em campo, agarrou até pensamento. Émerson Leão foi um dos maiores goleiros que o Brasil já teve. Só pela seleção atuou 104 vezes, sendo que sua primeira convocação já teve ares de recorde. O rapaz, cheio de personalidade, nascido em Ribeirão Preto, interior paulista, e com passagens pelos times São José e Comercial, chegou ao Palmeiras em 1969 e em 1970 já era o terceiro goleiro na Copa do Mundo do México. Isso aos 20 anos.

No Palmeiras, era o camisa 1 de uma das defesas mais inesquecíveis e vencedoras que o clube já teve. Eurico, Luis Pereira, Alfredo e Zeca. Os primeiros bicampeões brasileiros da história, em 1972 e 1973. Autêntico e severo, Leão hoje é um apreciador de artes plásticas. Frequenta o ateliê de grandes pintores contemporâneos e exibe tanto conhecimento pictórico quanto futebolístico.

Quando procurado para falar do amigo e companheiro Dudu, ficou exultante. "Nada mais justo que Dudu esteja entre os melhores volantes do futebol brasileiro." Leão temia que o camisa 5 do seu inesquecível Palmeiras do início dos anos 1970 pudesse ser suplantado por outros craques bons de marketing.

De personalidades completamente opostas, Leão e Dudu se davam muito bem. Talvez uma sintonia de gente do interior, afinal Araraquara e Ribeirão Preto ficam a 81 km uma da outra. Dudu era tão sério e respeitado na região que o pai de Leão, ao saber que o filho iria para o Palmeiras, recomendou que primeiro fosse se aconselhar como o "moço de Araraquara". E ainda bem que também o meu pai me aconselhou que ninguém melhor que Emerson Leão para falar de Olegário Tolói de Oliveira.

Para muitos, Ademir seria o nome ideal para falar de Dudu. Mas a escolha recaiu em você, pelo jeito franco e também por tantos anos passados ao lado dele. Concorda?
Eu falo a verdade e não o que as pessoas querem ouvir. Acho que sou uma pessoa que pode ajudar em relação ao Dudu. Primeiro porque o Dudu me viu chegar ao Palmeiras e, quando você chega ao Palmeiras, você tem que procurar, pelo menos na minha visão de caipira do interior, as pessoas com o pé no chão, que vivam a realidade e não a ilusão. Isso eu aprendi em casa. E uma das pessoas que procurei para me dar um parecer foi o Dudu.

Que tipo de conselho ele dava?
Fazia três meses que eu estava no Palmeiras. E aconteceu tudo comigo nestes três meses. Cheguei como a quinta opção e me tornei titular em 15 dias. Havia fraturado minha perna e eles me compraram assim mesmo. Mas meu contrato precisava ser assinado. Eu, garoto imberbe do interior, fui procurar o Dudu, pois achava que estavam me oferecendo pouco. Resposta do Dudu pé no chão, do senhor Dudu: "Leão, no seu primeiro contrato longo, se você pagar salário para o Palmeiras, é bom negócio". O que ele quis dizer com isso? Que era um grande clube, um grande time, uma grande estrutura e um grande futuro e eu tinha 19 anos. Conclusão, eu assinei um contrato de dois anos. Nunca me ofereceram um reajuste de salário, mas, ao término do compromisso, a estrutura do Palmeiras foi capaz de me pagar tudo aquilo que pedi.

Leão acha que Dudu foi injustiçado e prejudicado pela falta de "marketing".

E por que ele, com este jeito, não conseguiu seguir carreira longa como treinador?

Pois é, ele se tornou treinador, fomos campeões juntos, mas eu diria que ele era muito sério para ser um treinador, tinha pouco jogo de cintura e talvez um jeito muito simples de ser. Mas eu tinha tanta liberdade com ele, o tratava com tanto carinho, que só o chamava de Ximbica. Porque ele representava um carrinho velho, que todo mundo queria ter. Estava sempre meio gripado, com nariz vermelho, mas nunca deixava de jogar.

E como era o Ximbica em campo?
Era dono de uma raça, uma orientação e um conhecimento milimétrico do campo muito grande. Sabia onde deveria estar na hora em que deveria estar. Ninguém gostava de ser marcado por ele. Era aquele cão paulistinha, pequenininho, mas que mordia o tornozelo de todo mundo.

Você lembra como foi o seu primeiro encontro com ele?
Eu sou filho de italiano e conhecia o que era o Palmeiras através da família mesmo. Eu já tinha respeito por ele, antes mesmo de chegar ao clube. E meu pai me disse, quando eu saí de casa para fazer três meses de testes no Palestra: "Ó meu filho, qualquer problema, se aconselhe lá com o Dudu..."

Ele foi injustiçado?
Injustiçado não, porque passou dez anos numa grande equipe e é lembrado sempre. Mas eu acho que se ele e o Ademir tivessem um temperamento um pouco diferente... qualquer treinador da seleção pegaria a camisa 5 e a 10 e daria para a dupla. Pelé era 10? Então dá a 9 para o Ademir, ou vice-versa. Porque eles tinham um futebol tão harmonioso, tão compacto, tão uniforme, que deviam ser escalados sempre. Por isso, quando você escalou a seleção dos melhores volantes do Brasil, nada mais justo que Dudu estivesse nela como titular. Eu posso falar de cátedra: vi vários volantes na seleção muito inferiores ao Dudu.

Este seu Palmeiras foi inesquecível. Estes mesmos críticos que preferiram eleger outros em lugar de Dudu também exageram no saudosismo da Academia?
Não. Dudu dizia para o Ademir: vai que eu seguro! E Ademir era um monstro, um maestro, um dos melhores do mundo. Ele, Pedro Rocha, Cruyff, Beckenbauer... está nesse nível. Aliás, quem tinha

Dudu, Ademir e Leivinha não precisava de mais nada. Para que os dois volantes de hoje? E ainda um Luis Pereira de beque central, o melhor do mundo? César, Nei, Edu, Alfredo… tudo craque. E comigo no gol! Voltando ao Dudu, existe o ponto e o contraponto. Todo mundo quer aparecer no ponto, mas para isso você precisa se apoiar no contraponto. Dudu era o pino de sustentação de todos esses que eu falei, era a base.

Dudu era o Zito do Palmeiras?
Com certeza, com um pouquinho de vantagem, porque Dudu era mais moderno.

Dizia-se que Dudu era um marcador implacável, o carregador de piano, o operário, o prefeito, o xerife…
Não, não. Xerife ele nunca foi, prefeito também não. Não era nem presidente, mas era um bom ministro. Solucionava os problemas sem ser notado. Não fazia barulho, era muito simples para fazer marketing. A satisfação dele era a preocupação de ir bem para no outro ano poder renovar. Nunca se deixou levar pelo momento. Podia ter sido muito maior se tivesse tido um marketing diferente.

Berrava em campo?
O Dudu falava na medida exata. Não excedia. Mas era nervoso também. Eu vi momentos do Dudu, com 1,70m de altura, não correr de homem com 1,90m. Dentro do vestiário, acontecem coisas que não precisam sair dali. Quantas vezes saí no pau com o Luís Pereira? Mas dentro de campo era harmonia total. Éramos uma equipe. Hoje mudou. Hoje é negócio.

Dudu tinha um lado espírita muito forte. Fazendo uma comparação com os jogadores evangélicos atuais, isso era saudável ou atrapalhava?
Eu já ouvi, de muitos dirigentes, que no futuro ninguém vai querer contratar evangélicos. Por causa da excessiva dependência religiosa. "Chutei, mas Deus não quis que a bola entrasse…" E tem outra coisa, entre o técnico e o pastor, ganha o pastor. É lavagem cerebral.

Só que com o Dudu era muito diferente! Através da educação espiritual dele, da fé que ele tinha, ele podia te ajudar. Mas jamais te conduzir. Não queria trazer mais um para o rebanho dele. Nada a ver com atleta de cristo, assassino de cristo... faz e acontece e depois de dois meses diz que é ligado a Cristo?

Dudu ou César Sampaio? Muitos blogs defendem teses de que César era melhor que Dudu.
São blogs mais novos. De gente mais nova. Veja quantos anos o César jogou no Palmeiras. E o Dudu? Veja as conquistas. Na nossa época, não tinha Parmalat. César Sampaio foi um grande jogador. Mas o Dudu teve uma regularidade de dez anos e não um entusiasmo de dois anos. Antigamente, para ser chamado de craque era preciso batalhar muito. Hoje, a seleção brasileira joga em qualquer lugar, a qualquer preço, em qualquer esquina. Aí o cara tem 100 jogos na seleção. Ora, tinha que fazer 500!

Um episódio na vida de Dudu é impressionante. A mãe gravemente doente, mas ele preferiu jogar pelo Palmeiras a ir visitá-la. Se ligassem para você, numa situação dessas, o que você faria?
Eu jogaria. E joguei. Meu pai estava no Einstein [Hospital Albert Einstein, em São Paulo], morrendo, e eu estava em campo numa final de Brasileiro pelo Vasco. Meus dois irmãos casaram, e eu não fui à cerimônia de nenhum. Meus dois irmãos se formaram e eu também não fui. Ao casório das minhas filhas também faltei. Só fui ao meu casamento porque eram férias de campeonato. O que eu iria ajudar lá no hospital? Coisa que meu pai mais gostava era me ver em campo. Então, fui a campo. Antigamente era assim. Por isso Dudu jogou e depois foi visitar a mãe. Infelizmente ela morreu, mas no domingo seguinte ele estava de novo em campo. Assim que era uma família esportiva. Dizia-se que futebol era uma cultura para se fazer amigos. Hoje não é nem cultura, e você só faz inimigos. Dudu representa todo um passado de verdade. Puro de alma.

A Academia era um time onírico ou também apelava?

Nós fazíamos de acordo com a necessidade, sem infringir nenhum código de disciplina. Eu, por exemplo, fazia muita cera. Mas a regra me permitia. Era a inteligência a serviço do clube. E o Dudu era assim também. Se tivesse que matar uma jogada, matava, mas sem ser maldoso, mesmo sendo um faltoso repetitivo. Mas jamais quebraria a perna de alguém.

Dudu era o craque simplório?

Eu não o vejo há algum tempo. Acho que se ele entrasse por aquela porta agora estaria com o mesmo guarda-chuva pendurado na mão. Era um batalhador, mas que não se impunha com marketing pessoal. Infelizmente, não basta ser bom, você tem que transmitir que é bom. E o Dudu não tinha nada de diferente. Chegava na mesma hora, usava o mesmo carro simples, a mesma blusinha, o mesmo guarda-chuva. Quer um exemplo bem atual? O Beckham. Ele não joga o que o Dudu jogava, mas o marketing dele, de cabelo, de esposa, fez com que ele se tornasse um "trilhardário". Para mim, o inglês só sabe bater na bola. O Dudu fazia de tudo. Era o quietinho que resolvia. Você se lembra do reserva do Dudu? Ninguém lembra. Ele jogava todas! Eu vi um pernambucano chamado Vasconcelos, bom de bola, que chegou ao Palmeiras e me falou: "Vou embora, Leão, eu jogo pacas, mas não dá para entrar no lugar do Dudu". E foi para fora do Brasil, onde brilhou.

Você tem saudades da Academia?

O Palmeiras sabia que era um grande time, sabia que ia ganhar, só não sabia de quanto ia ganhar. Jogávamos uma média de 80 jogos na temporada e nós apostávamos quem estaria mais tempo em campo. Não tinha nenhuma posição com gente incompetente. Na Copa de 1974, seis jogadores eram do Palmeiras. Seis! Não tínhamos medo nem do Santos.

Ademir seria Ademir sem Dudu?

Acredito que não.

CAPÍTULO 5   **PIAZZA**

O eterno capitão cruzeirense colocou o time mineiro no panteão dos grandes do Brasil, foi a duas Copas e, de quebra, ficou conhecido como um dos melhores e mais leais marcadores de Pelé.

Wilson da Silva Piazza ajudou a dar um tapa na empáfia futebolística do eixo Rio-São Paulo. Até os anos 1960, a crônica especializada, a torcida e até mesmo os jogadores do Brasil inteiro só tinham olhos, ou antolhos, para o que acontecia na capital carioca e na cidade mais rica do país. Craque que surgia em outro lugar tinha mais é que pegar o ônibus até as rodoviárias Novo Rio ou Tietê.

Até os times menores do Rio e São Paulo tinham mais charme e importância do que grandes clubes de outros estados. Olaria, São Cristóvão, Madureira, Juventus e Comercial forneciam mais atletas para Flamengo, Corinthians, Fluminense, Palmeiras, São Paulo, Vasco, Portuguesa e Santos do que os times do Sul, de Minas ou do Nordeste.

Aí apareceu uma certa camisa azul com estrelas bordadas no lado esquerdo do peito, e no gramado. O Cruzeiro Esporte Clube chegou de fininho, comeu pelas beiradas e, quando o arrogante eixo Rio-São Paulo percebeu, já estava apaixonado pela liderança do eterno capitão Piazza, o talento mágico de Dirceu Lopes e a habilidade fantástica do canhotinho Tostão.

A Taça Brasil de 1966 foi o início de tudo

E tudo começou em 1966, na decisão da Taça Brasil, competição correspondente ao Campeonato Brasileiro atual. A final colocava frente a frente este então pouco conhecido e misterioso Cruzeiro contra o famoso e badaladíssimo Santos de Pelé. O primeiro jogo foi no Mineirão, ainda com tinta fresca. Inaugurado um ano antes, o estádio já testemunharia um jogo histórico.

Histórico não, antológico. Talvez uma das dez partidas mais importantes do futebol tropical. E aconteceu em dose dupla. Cerca de 90 mil pessoas rumaram para o novo templo mineiro na última e quente quarta-feira de novembro. Quando apitou o início da partida, o folclórico Armando Marques tinha à sua esquerda Raul, Pedro Paulo, William, Procópio e Neco; Piazza, Dirceu Lopes e Tostão; Natal, Evaldo e Hilton Oliveira. À sua direita, muito mais conhecidos e consagrados, Gilmar, Carlos Alberto Torres, Mauro, Oberdan e Zé Carlos; Zito e Lima; Dorval, Toninho Guerreiro, Pelé e Pepe. Naquele dia, a única igualdade dos times eram as meias brancas.

Porque o placar, ah, o placar... esse mudou logo com um minuto de jogo. Evaldo lançou Dirceu e um assustado Zé Carlos marcou contra. Alegria da torcida. Mas o Santos é o Santos. Aos 5, Natal chutou forte e marcou o segundo. Calma, o Santos é o Santos. Só que Pelé não conseguia receber a bola. Piazza colara nele de uma forma inteligente, não permitindo ao Rei uma fração sequer de descanso para pensar ou criar. O terceiro gol saiu numa linda jogada de Dirceu Lopes, que driblou Oberdan e encheu o pé. O Santos já não era tanto o Santos quanto se pensava. O cronômetro ia chegando aos 40 do primeiro tempo e Dirceu, apelidado pela crônica mineira de Dez de Ouros, fez o quarto gol. Um "cadinho" tempo depois, sô, Tostão fez o quinto de pênalti. E Pelé se irritava com Piazza. E com a torcida. "Cadê Pelé?", cantavam os mineiros. Naquele dia, Piazza não deixou Pelé entrar em campo. No máximo, a sombra de um Edson que corria perdido pelo novo gramado. O Santos já se perguntava se era o Santos mesmo.

No intervalo, os jornalistas questionavam como Piazza conseguira marcar Pelé. E Piazza mesmo responde:

– Um jogador desse, tão cheio de recursos, você precisa se antecipar, chegar junto, cercar e não deixar de maneira alguma dominar a bola. Só que às vezes o marcador estava tão tenso porque marcaria Pelé que não conseguia fazer nada disso. Eu pensava assim: o Pelé é bom na dele, mas na minha área aqui o bom sou eu.

Sem deixar de completar: "Mas levei muita bola debaixo da perna dele em outros jogos, mas sem dar pontapé, eu me saía bem porque visava só a bola".

No vestiário, aguardando o segundo tempo e vendo os companheiros vibrando com os 5 a 0 parciais, Piazza, já maduro aos 23 anos, alertava a todos. "Pessoal, do outro lado está o Santos, que já cansou de virar jogos impossíveis. Não podemos bobear."

Dito e feito. O segundo tempo chegou e com ele um baita susto. Em dez minutos, o Santos fez dois gols com Toninho Guerreiro. Piazza berrava e orientava o time azul para tocar a bola, para não entrar na correria do Santos. Aos poucos, os donos da casa retomaram as rédeas, a tempo de fazer mais um gol com Dirceu aos 27 minutos. Piazza continuava não dando sossego a Pelé. Até que o inimaginável aconteceu. Pelé perdeu a cabeça. Numa disputa de bola com o capitão cruzeirense, fez falta e ainda chutou o adversário caído [na entrevista adiante, Raul Plasmann diz que Pelé apenas ameaçou uma agressão]. Procópio peitou Pelé, a confusão foi formada, e Armando Marques expulsou os dois. Pelé não era mais Pelé. O Santos nunca foi o Santos naquela noite. E o Brasil ficou boquiaberto.

E o Cruzeiro passou a ser um time iluminado

Dali a uma semana, o segundo jogo, a revanche, o tira-teima, dentro do Pacaembu.

Foi uma semana ímpar na vida de Wilson da Silva Piazza. O menino que passou a infância entre as 12 casas da Vila Cacique, na pequena cidade mineira de Ribeirão das Neves, a 30 km de Belo Horizonte, começava a vencer na vida. Filho de um agente penitenciário, na infância jogava bola com os presidiários, com quem aprendeu o quanto pode ser dura a vida e a falta de liberdade. O exemplo de casa foi cunhando um cidadão correto e preocupado com as causas sociais. Foi capaz de, junto com os detentos, construir um campo de futebol no meio de um pomar vizinho ao presídio Antonio Dutra Ladeira, no bairro de Fazenda das Lajes.

Das peladas de pé descalço, às primeiras brincadeiras sérias. Em campo, foi ponta-direita do pequeno time da sua cidade, o Estrela Ipiranga, e logo passou para a equipe da recauchutadora de pneus Flex Solas, que participava de campeonatos do Sesc. Em 1960, chegou a fazer testes no juvenil do Fluminense, mas a viagem só serviu para conhecer as praias cariocas.

– Meu pai, Zé Piazza, era jogador de futebol amador. Tinha um jeito peculiar de correr, parecia que ia cair a toda hora. Mas tirava as bolas de maneira limpa. Eu puxei essa característica dele. E vou te dizer, eu era habilidoso, técnico e até artilheiro! Fiz 11 gols pelo Cruzeiro nas temporadas de 1965-66, nenhum de falta ou pênalti – gaba-se Piazza.

Porém, em 65 jogos defendendo a seleção brasileira, não conseguiu fazer um golzinho sequer. Em compensação, perdeu apenas seis partidas vestindo a amarelinha.

Opa, estamos acelerando o jogo, tocando rápido, assim como Piazza fazia.

Do Estrela Ipiranga e Flex Solas foi para o juvenil do time da Fábrica de Tecidos Renascença, no qual começou a comer a bola. Ainda era o Wilson. Subiu para o profissional, encontrou outro Wilson no time e passou a ser chamado de Piazza. Tinha como ídolo Dequinha, do Flamengo. Aliás, Wilson Piazza, cruzeirense até a alma, confessa: Se pudesse escolher qual outro time para jogar no Brasil, seria o Flamengo.

– Sempre tive muito carinho pelo clube, desde pequeno ouvindo pelo rádio as proezas de Dida, Pavão, Igor. Outra vontade não realizada foi a de jogar em algum clube italiano.

No Flamengo não deu para jogar. Em 1963 foi contratado pelo mais italiano dos times mineiros, o Cruzeiro, que até o ano de 1942 chamava-se Palestra Itália. Por causa da Segunda Guerra Mundial, quando a Itália lutou ao lado de Japão e Alemanha, o nome do clube mudou, para tristeza de muitos saudosistas.

Piazza chegou e agradou. Dedicado taticamente, comprometido com o clube, eficiente nos desarmes e dono de um dos maiores fôlegos das Alterosas, pôs no currículo simplesmente dez campeonatos mineiros conquistados. Como a maioria dos volantes presentes neste livro, tinha um alto índice de acerto de passes.

PIAZZA

Um craque no desarme e no posicionamento

Para o jornalista e pesquisador mineiro Henrique Ribeiro:

– Piazza era um jogador que se destacava pela regularidade. Suas maiores características eram o posicionamento, o desarme e a antevisão das jogadas. Sempre chegava antes numa dividida, dava segurança ao meio de campo e à defesa. E quando tomava a bola de um adversário, armava as jogadas para o avanço dos meias, pois tinha qualidade para isso.

Mas e o segundo jogo da grande final da Taça Brasil de 1966? Estamos aqui na maior prosa, conversando sobre um monte de trem bacana da carreira de Piazza, mas a semana já passou. E o calendário marca 7 de dezembro. É noite em São Paulo. E a terra da garoa vira a terra da borrasca. Cai um toró terrível, que deixa o campo do Pacaembu pesado e alagado. Nas arquibancadas, a maioria santista acreditava no troco. E a minoria cruzeirense fazia bonito. Quase dez mil mineiros ocuparam um bom pedaço das arquibancadas ao lado da concha acústica, que seria extinta em 1969. O jogo começa e, como era de se esperar, o bombardeio santista é terrível. Pelé, sedento de vingança, se movimenta mais que o habitual. E Piazza passa maus bocados no primeiro tempo. Desta vez é o Cruzeiro que não vê a cor da bola. E logo quem foi marcar o primeiro gol? Pelé, aos 23 minutos. Aos 25, Toninho Guerreiro aumenta. O time mineiro ainda está perdido em campo, mas Piazza pede cautela, calma e aplicação dos companheiros que, aos poucos, vão se acostumando com a grama pesada. No finzinho da primeira etapa, bola na trave e defesas de Raul mantêm o placar. Os 11 de azul descem para o vestiário e o clima é péssimo. Piazza começa a cutucar um a um, certo de que era possível virar aquele placar, até porque ninguém esperava isso. Igualzinho à incrédula goleada no Mineirão.

O time volta a campo pilhado. Apagando a imagem daquele Santos invencível, pentacampeão brasileiro e atração mundial há alguns anos. O Cruzeiro era uma equipe leve e a molecada mineira começou a correr, invertendo posições e tocando a bola rapidamente. O capitão Piazza prometeu a si mesmo que não deixaria mais Pelé pegar na bola. O roteiro parecia tão maravilhoso que, logo aos 12 minutos, Oberdan faz penâlti em Evaldo. Só que Tostão bate mal e perde. Em lugar de se deprimir, Eduardo Gonçalves de Andrade mostrou que Tostão era apenas um apelido relativo ao seu tamanho físico. Por dentro, era um gigante. O maior craque da história do Cruzeiro não se abateu e, seis minutos depois, de falta, diminuía o placar. O Santos começava a cansar. Pelé nada fazia. Já Dirceu fazia. O gol de empate aos 28 minutos. Bastava para o título, mas os cruzeirenses estavam sedentos pela glória incontestre. Bem ao seu estilo, Tostão cai pela esquerda, dribla dois santistas e cruza para Natal virar o jogo no último minuto.

Lama e troféu no Pacaembu

Imundo e cheio de lama, Wilson Piazza, que jogou todas as oito partidas da campanha vitoriosa, levantou a Taça Brasil sob aplausos dos fidalgos torcedores do Santos. Na volta a Belo Horizonte, uma multidão esperava os heróis no Aeroporto da Pampulha. O primeiro a descer do avião, carregando a taça, foi o próprio Piazza. Dali, os jogadores subiram num carro do Corpo de Bombeiros e rumaram até o centro da cidade para encontrar com o governador Israel Pinheiro. Durante uma noite, Minas esqueceu que o Brasil mergulhava num futuro político terrível e sem liberdades. Minas celebrou uma outra revolução, muito mais digna. Aquela que pôs o estado no centro nacional das atenções esportivas. E que inspirou o gênio Nelson Rodrigues a escrever, dois dias depois, o definitivo parágrafo no *Jornal dos Sports*:

> Depois da vergonha e da frustração da Copa do Mundo, nenhum acontecimento teve a importância e a transcendência da vitória de anteontem. Por outro lado, não foi só a beleza da partida, ou seu dramatismo incomparável. É preciso destacar o nobre feito épico que torna inesquecível o feito

do Cruzeiro. Não tenhamos medo de fazer a sóbria justiça: aí está, repito, o maior time do mundo.

Falar da Copa de 1966 é cutucar uma ferida já cicatrizada na pele de Piazza. "Denílson, do Fluminense, foi o convocado, mas eu estava voando no futebol como volante. Se houvesse uma Copa para eu jogar, era essa!" Mas Zagallo escreve certo por linhas tortas. Em 1969, num clássico contra o Atlético, Piazza foi improvisado na zaga por causa das contusões de Mário Tito e Fontana. As 125 mil pessoas presentes ao Mineirão tomaram um susto, mas acabaram testemunhando a segunda vez de Piazza na zaga. Jogou uma monstruosidade e comandou a vitória por 1 a 0. "Foi a segunda vez porque em 1967, também contra o Atlético, Procópio se machucou e eu fui para a zaga", conta Piazza. Só que na Copa de 1970, apesar de estar na seleção desde 1967, foi a vez de Piazza tomar um susto. E o próprio Zagallo explica:

– Eu que passei Piazza para quarto-zagueiro. Não gostava muito de Fontana e Joel. O Baldochi se machucou e, quando entrei, fiz a mexida geral. Sabia que Piazza já tinha jogado de quarto-zagueiro, assim, dei vez a Clodoaldo, que estava no banco, e ainda ganhei a qualidade de passe que Piazza tinha.

De repente, o volante vira zagueiro

A tal mexida geral deu mais que certo. O Brasil foi tricampeão mundial, com Piazza jogando nas seis vitórias da campanha do tri. Mas será que foi frustrante jogar de zagueiro?

– Em toda a atividade, você tem que saber o seu potencial. Eu sabia que podia ser titular e lutava por isso. Mas jamais torci contra o sucesso do Clodoaldo, porém queria estar no lugar dele. Só que se não puder ser titular na minha posição, vou para qualquer uma! Prefiro ganhar 15 mil e ser titular a receber 100 mil para ficar no banco de reservas.

Encontro de dois ídolos: Piazza cumprimenta Beckenbauer.

Eu tinha facilidade de adaptação e sempre dei muita importância ao aspecto coletivo – explica o eterno volantão cruzeirense.

Na Copa seguinte, jogou as três primeiras partidas: dois empates sem gols contra Iugoslávia e Escócia, e uma vitória pouco convincente sobre o Zaire por 3 a 0. Querendo ser mais ofensivo, Zagallo novamente tentou fazer uma mexida geral para enfrentar a Alemanha Oriental. "Precisávamos atacar, então resolvi jogar sem cabeça de área! Preferi pôr quatro jogadores de meio-campo e escalei Dirceu, Carpegiani, Rivellino e Paulo César Caju." Deu certo e o Brasil fez 1 a 0. Piazza continuou fora contra a Argentina e mais uma vitória: 2 a 1. Entretanto, na semifinal contra a Holanda, o Brasil levou um banho de bola, perdeu por 2 a 0 e ficou fora da final contra a Alemanha. Será que Piazza não fez falta neste jogo, quando a seleção precisava de um poder muito mais forte de marcação para conter a revolucionária Laranja Mecânica? Ninguém sabe.

Mais de quatro décadas depois de assombrar o tal eixo Rio-São Paulo com o Cruzeiro, Wilson da Silva Piazza teve que enfrentar novamente a implicância desta turma. Junto com Dunga, foi um dos nomes mais questionados por estar na lista deste livro dos melhores volantes do Brasil. A começar por um companheiro de seleção das Copas de 1970 e 1974, o goleiro Emerson Leão.

As vozes contrárias

Diz Leão:

– Todo mundo tem o seu valor dentro da característica de cada um. Zé Carlos jogava mais do que Piazza, mas muito mais! Piazza apanhava da bola. Sem falar no Batista, por exemplo, que podia também estar no lugar do Piazza.

O jornalista Milton Neves é outro que não se conforma com a presença de Piazza no livro.

– Piazza é meu amigo, mas só entraria na lista dos 80 maiores volantes! Brandãozinho, da Portuguesa, jogou muito mais e também foi a uma Copa, a de 1954! Você vai me desculpar, mas vou entrar com uma liminar para tirar o Piazza da lista. Sou radicalmente contra.

Mas a "advocacia geral da união mineira" também se manifesta.

— Quanto às resistências sobre o Piazza, só mesmo quem não o viu jogar pode ter. Ele jogava muita bola. Desarmava como poucos e tinha um passe excepcional. Selecionava as jogadas de ataque ao escolher passar a bola ao Tusta ou ao Dirceu. A escolha implicava em jogadas com desenvolvimento diferentes — pondera Jorge Santana, autor do livro *Páginas heroicas imortais*, que passeia pela história do Cruzeiro no século XX.

O próprio Piazza, com a experiência de quem já foi deputado estadual, prefere pôr panos quentes na oposição.

— Leão deve ter se confundido, ele sabe muito bem das minhas condições técnicas. Ele tem um lado de franqueza muito grande. Eu sempre soube fazer a análise técnica. Embora eu não fosse alto nem fosse de dar carrinho, tinha a facilidade de antecipar. Entre Zé Carlos e eu, acho que eu encaixava mais no jeito do time jogar, apesar de que o Zé individualmente era melhor do que eu. Assim como Ademir era melhor que Dudu.

O Zito do Cruzeiro ou o Dudu do Cruzeiro?

Vem da frase do próprio Piazza a deixa para uma pergunta oportuna. Piazza era o Zito do Cruzeiro ou o Dudu do Cruzeiro?

— Valia a pena se entregar para esses craques. Eu não tinha o menor pudor em ir para o sacrifício na parte defensiva. Jogávamos quase num 4-1-5. E faria o mesmo se tivesse jogado com Romário, por exemplo. Esta nossa entrega compensava, porque eles resolviam lá na frente. A gente tomava dois e fazia seis. Graças a Deus eu tive este pulmão. No Palmeiras, Ademir da Guia ficou muito mais à vontade em campo com a segurança da marcação de Dudu, que era ainda mais de contenção do que eu.

E Zagallo decreta: "Piazza era o Zito do Cruzeiro! Mas sem os palavrões!"

– O capitão, o líder, é aquele que sabe falar o idioma de cada jogador. Tinha um lateral, o Pedro Paulo, que se eu falasse grosso ia me jogar lá fora do estádio. Éramos uma família, sô, e não usávamos muito palavrão. A orientação vinha no tom de voz, mais forte. "Pô, Tostão, tá prendendo muito esta bola!", "Nelinho, para de ir à frente toda hora!". Discutindo sem perder a amizade jamais. Eu tinha uma liderança natural, mas não era o dono da verdade – explica, Piazza, humilde.

E o bom e humilde mineiro ganha mais votos.

Para Leivinha, Piazza não aparecia para a torcida, mas era muito querido.

Já Zico elogia a simplicidade do futebol "piazziano".

O próprio Zito, o Piazza do Santos, brinca que o volante mineiro falava tanto que até hoje continua falando sem parar.

"Inteligente e com boa participação tática, tanto no Cruzeiro quanto na seleção", comenta o jornalista Milton Leite.

O pesquisador Odir Cunha, santista, que sofreu em 1966, é só elogios. Para ele, Piazza sempre foi elegante, sério e técnico. Roubava a bola e saía jogando com categoria. Saiu-se tão bem no meio-campo como na quarta-zaga. Sem ele o Cruzeiro de Tostão não teria tido tanto sucesso. Um líder que orientava os meninos Tostão, Dirceu Lopes e Natal.

E cabe ao narrador Luis Roberto a última escovada no ego de Piazza e do autor do livro, que bancou até o fim a presença mineira na lista. "Tinha leitura do jogo, fazia a bola chegar redonda aos pés dos craques do time como Tostão e Dirceu Lopes. Na zaga, conquistou o mundo. Um grande."

O tal atrevimento mineiro continuou por mais uma década. Apesar da traumática saída de Tostão do Cruzeiro, em 1972, para o Vasco, a Raposa, agora com Jairzinho e Palhinha, continuou a brilhar e ainda conquistou por duas vezes a finada Taça Brasil [torneio que durou de 1959 a 1968].

Mas o Olimpo foi atingido mesmo em 1976, com a conquista da Taça Libertadores da América. No primeiro jogo, o Mineirão foi ao delírio com um 4 a 1 implacável. Dois gols de Palhinha, um de Valdo e outro de Nelinho. Em Buenos Aires, vitória argentina por apenas 2 a 1 para o River Plate de Passarella e Luque. O regulamento não contava o saldo de gols e foi necessária uma terceira partida em campo neutro. E lá foi o Cruzeiro jogar em Santiago. Fez 2 a 0 rapidinho com Nelinho e Eduardo, mas se assustou com a reação argentina e cedeu o empate em 2 a 2. Mas aos 42, Palhinha sofre falta e Joãozinho faz o gol da vitória e do título. Um presente para Piazza, que já estava se despedindo do futebol. Depois do Santos, em 1962, o Cruzeiro foi o segundo clube brasileiro a levar o cobiçado troféu para casa. "Se aquele time tivesse aparecido no Rio ou em São Paulo seria muito mais famoso do que foi", lamenta o capitão.

Foram 556 jogos de corpo e alma cruzeirenses. Não à toa, conseguiu fazer 39 gols com a camisa estrelada. A figura imponente, magra, carregando a faixa de capitão no braço esquerdo ficou para sempre na memória do clube. Até hoje tem o imenso respeito da enorme torcida do Cruzeiro. Quando parou, não quis festa de despedida nem muitas homenagens.

Sempre foi assim, dentro e fora de campo.

PIAZZA
25/2/1943

TÍTULOS	Cruzeiro	Campeonato Mineiro 1965, 1966, 1967, 1968, 1969, 1972, 1973, 1974, 1977
		Taça Brasil 1966
		Libertadores da América 1976
	Seleção brasileira (65 jogos)	Copa Rio Branco 1967
		Copa do Mundo 1970
		Copa Roca 1971

ENTREVISTA
RAUL PLASSMANN

"Marcou Pelé tão bem
e sem ser violento que o negão
perdeu a cabeça com ele."

Ele nasceu em Curitiba, jogou nas divisões de base do Atlético Paranaense e se profissionalizou pelo Coritiba em 1963. Foi para o São Paulo em 1964, achando que tinha tirado a sorte grande. Mas ficou pouquíssimo tempo e acabou indo para o Nacional, também em São Paulo. Depois desembarcou no Cruzeiro. Um Cruzeiro ainda meio escondido do cenário nacional. E, o que parecia o começo do ostracismo, revelou-se a maior transformação na carreira do goleiro Raul.

Em Minas, chegou para ser reserva de Tonho. Mas em pouco tempo, sua serenidade e excelente colocação foram seduzindo os dirigentes e os jogadores cruzeirenses. Rapidamente tornou-se titular e, quando se fala daquele Cruzeiro mágico que atravessou os anos 1960 e 70, imediatamente lembramos de Raul, Piazza, Dirceu Lopes e Tostão. Ganhou nove campeonatos mineiros, uma Taça Brasil e uma Libertadores da América. Quando pensou-se que o "velho" ia se aposentar no Paraná, em 1978, ele mais uma vez deu a volta por cima das primeiras impressões. Foi para o Flamengo e tornou-se bicampeão da Libertadores, além de campeão mundial em 1981. Defendeu a seleção em 11 jogos apenas e não teve a felicidade de ir a uma Copa do Mundo.

Além das grandes defesas e da maturidade debaixo da trave, Raul também entrou para a história como um revolucionário estético. Certa vez, no começo da vida cruzeirense, achou a camisa de goleiro que lhe deram pequena demais. Fazia frio em Minas e o lateral Neco lhe emprestou um suéter amarelo, de gola rolê. O jogo era Cruzeiro x Atlético e Raul gostou tanto da "bossa" que adotou o amarelo para sempre.

Franco, boa praça, amante de uma prosa, Raul conviveu intimamente com Piazza durante mais de uma década. E fala da importância do eterno capitão cruzeirense.

Teve gente fazendo cara feia quando o nome de Piazza foi incluído como um dos 11 melhores volantes do Brasil? Por quê?
Não faço a menor ideia e fico até surpreso com esse tipo de reação. Só sei uma coisa: Piazza foi meu anjo da guarda durante 13 anos. Juntos, conquistamos nove campeonatos mineiros, uma Libertadores e o Brasileiro de 1966, chamado de Taça Brasil. Estive mais próximo dele do que qualquer um destes que fizeram cara feia para a "convocação" dele para o livro. Além do mais, pela minha posição e necessidade ali atrás da zaga, eu era a parte mais interessada profissionalmente. Ponto.

Os números dele no Cruzeiro são impressionantes. Foram 559 jogos, 36 gols e este monte de títulos que você citou. Era o dono do time?
Era nosso *boss*. O chefe Piazza. Tinha uma consciência tática e uma voz de comando impressionantes. Éramos movidos por suas orientações, um xerifão mesmo, que nos dava a segurança necessária para jogar bonito e sempre para a frente.

Dirceu Lopes e Tostão não teriam tanto sucesso em suas carreiras se não fosse Piazza para segurar as pontas ali atrás?
Melhor dizer que ele foi o complemento ideal. Talvez, se não fosse ele, teria que ser algum outro Piazza. Como não clonavam naquela época, ficou sendo ele mesmo. O que acabou sendo maravilhoso para o Cruzeiro. Piazza nunca se sentiu desprestigiado por ter uma função mais defensiva para liberar a criatividade de Dirceu e Tostão.

Uma das grandes lendas que se conta é a habilidade que ele tinha para marcar Pelé. Como conseguia?
Lenda nada, verdade pura. E eram três segredos simples. Força para chegar junto, sem fazer falta, porém antecipando-se ao Rei.

PIAZZA

Raul, ao lado de Carlos, durante treino da seleção brasileira.

Velocidade para não deixar Pelé virar ou pensar muito em alguma jogada genial. E inteligência para cercar quando era preciso e, principalmente, não deixar a bola chegar limpa até ele.

Sobre as famosas finais em 1966 contra o Santos, na primeira, no Mineirão, Pelé ficou tão irritado com o placar, 6 a 2 para vocês, e com a marcação de Piazza que perdeu a cabeça?
Pelé não chegou a atingir Piazza. Foi no fim do segundo tempo e realmente o negão recebeu uma marcação implacável e eficiente do nosso capitão. E acabou não conseguindo jogar tudo que sabe. Numa dividida, ele ameaçou dar um sopapo, mas ficou na intenção. Porém, foi o suficiente para Armando Marques o expulsar. Como eu disse, Piazza era e é muito inteligente.

Afinal, Piazza era ou não era talentoso?
Não era um pintor. Se não, claro, não seria um volante. Mas também não ficava devendo, pois tinha categoria e precisão para fazer a ligação entre a defesa e o ataque. Toques rápidos e índice muito pequeno de passes errados. Fazia o que era preciso e necessário para o time vencer. Juntando a isso sua garra, gana e liderança. O espetáculo ficava a cargo do Tostão ou do Dirceu Lopes.

Essa liderança era como a do Zito no Santos? Com muitos berros e reclamações para o juiz?
Zito, a fina flor da época... Não, não, o estilo de Wilson da Silva Piazza era completamente diferente. E isso não quer dizer que era melhor ou pior, apenas diferente. Um capitão mesmo, de verdade, que não precisava utilizar o grito ou alguma eventual falta de educação para conseguir o que queria e o que era melhor para o time. Um capitão de respeito, que não precisou gritar, bastava olhar para aquela turma toda que ele conhecia muito bem.

Você chegou em 1966 ao Cruzeiro e ele em 1965. Deu tempo de receber orientação dele?

Piazza sempre foi muito correto e preocupado com questões sociais. Foi um dos primeiros a me fazer sentir à vontade no Cruzeiro, mesmo sendo apenas um ano mais velho do que eu.

Vocês fizeram um 4-3-3 exemplar?

Não sei não. Na hora de atacar talvez. Mas eu sempre gostei de dizer que jogávamos num 4-1-5, porque o Tostão e o Dirceu não marcavam nada. E na frente, Natal, Evaldo e Hilton não voltavam nem combatiam ninguém. A contenção ficava sempre com o Piazza mesmo. Para você ter uma ideia do trabalho triplo que ele tinha que fazer naquele tão badalado Cruzeiro!

Como definir o estilo Piazza dentro de campo?

Já era um volante moderno, longe de ser um cabeça de área paradão. Corria o campo todo, da direita para a esquerda, de trás para a frente, e sempre conseguia voltar a tempo de ajudar na marcação. Era perfeito na cobertura dos avanços dos nossos laterais. Já pensou jogar com um lateral-direito como Nelinho, que passa o tempo todo avançado? Piazza não era de dar carrinho e ao mesmo tempo não era dono da verdade, dialogava com todos nós e fazia algo fundamental: tranquilizar os companheiros, o que aumenta a sua segurança e determinação de vencer.

Você é paranaense, ele mineiro. O estilo mineirinho era com ele mesmo?

Exatamente. O famoso mineirão quieto e de fala mansa. Mesmo na época em que foi eleito vereador, não deixava de pensar no bem-estar dos companheiros. Não à toa, está metido até hoje com entidades que dão auxílio a ex-jogadores e ao atleta profissional.

Quais foram os grandes jogos em que vocês atuaram juntos?

Vou falar de uma grande alegria e de uma grande tristeza. Em 1966, fomos campeões brasileiros pela primeira vez, em cima do Santos, vencendo a Taça Brasil em dois jogos memoráveis. O primeiro,

6 a 2, no Mineirão e o segundo, 3 a 2, também para a gente no Pacaembu. E como falamos antes, além da marcação inesquecível que Piazza fez em Pelé nas duas partidas, entrávamos para a história colocando o Cruzeiro no patamar nacional que sempre mereceu.

E a tristeza?
Sem dúvida, a final do Mundial de Clubes de 1976. Tínhamos vencido de forma maravilhosa o River Plate na decisão da Libertadores, em três jogos, e fomos jogar contra o Bayern de Munique na Alemanha, em dezembro, e depois no Mineirão. O primeiro jogo foi debaixo de neve! Eu joguei de calça comprida e os alemães fizeram dois gols rapidamente e decidiram a partida. No jogo de volta, o campo estava pesado, mesmo assim os dois times jogaram muito, fiz defesas importantes, mas o placar 0 a 0 deu o título para eles, que tinham um timaço – Sepp Maier, Beckenbauer, Rummenigge, Gerd Müller... a base da seleção alemã campeã mundial em 1974. Todos eles jogando no Mineirão, para deleite de mais de cem mil torcedores. Essas feras enfrentando a nossa seleção. De Piazza para frente tínhamos Zé Carlos, Dirceu Lopes, Jairzinho, Palhinha e Joãozinho. Está bom para você?

Você é um exímio contador de causos. Conte um para nós sobre o Piazza.
Ih, o Piazza não entrou na dança por respeito. Não tenho história sobre ele não!!!

Num destes jogos célebres contra o River Plate, Piazza teve que fazer infiltração para aguentar o segundo tempo. Lembra disso?
Piazza era um fominha de marca maior, em jogos pequenos ou grandes. Era um suplício tirá-lo de campo. Acho que se ele ficasse fora de um jogo provavelmente estaria morto, só assim para não jogar aquele segundo tempo importantíssimo.

Piazza conta que, em 1967, foi zagueiro num jogo contra o Atlético. Em 1969, novamente repetiu a experiência. Até que na Copa de 1970, foi campeão na zaga. Ele reclamava dessas improvisações?

Para começo de conversa, Piazza não reclamava, jogava. O negócio dele era jogar, qualquer que fosse a posição. Amava e ama o futebol. O que me preocupava um pouco, às vezes, era imaginar se ele resolvesse ser goleiro. Aí eu estaria perdido. Piazza era tremendamente versátil. Um camaleão em campo.

Para terminar, como é o homem Piazza?

O homem? Um grande homem.

CAPÍTULO 6

ANDRADE

Nada mais justo que o capítulo 6 seja dado a um craque que, apesar de volante, não usou a 5. Num time inesquecível, recheado de craques e liderado por Zico, Andrade fez história com a camisa 6.

A camisa 10 virou lenda no futebol. Hoje é até sinônimo de posição. "Fulano é um excelente camisa 10…", "Aquele time está precisando urgentemente de um camisa 10…" Aí vieram outras.

A camisa 1, do goleiro, é até meio *fashion*. À noite, numa balada, dá para ver gente usando e dançando sob a luz estroboscópica. Se bem que o número 1 já é simbólico por natureza. Na Fórmula 1, que tem 1 já no nome, só o campeão tem o direito de acelerar a 300 km/h com esse número gravado na carenagem.

A número 11 chegou a ser aposentada no Vasco pelos cartolas oportunistas. Afinal, Romário a sacralizou. Aliás, tanto na malha cruzmaltina como na amarelinha. Só que na seleção, não foi possível aposentá-la.

A sete virou sinônimo de arte e talento pelos pés de Garrincha. Tanto no Botafogo quanto no Brasil.

Diretamente do São Cristóvão, veio Ronaldo Fenômeno, e a camisa 9 foi abençoada a ponto de virar grife de roupa. R9.

A vanguardista Holanda, além de deixar perplexo o mundo em 1974 com a inesquecível Laranja Mecânica, ainda inverteu a lógica e ofereceu aos boquiabertos um ídolo portando às costas o 14.

Até o número 5, antes conformado em ser metade de 10, arrumou um jeito de ficar famoso via Zidane, no Real Madrid.

Mas e a 6?

Alguém entra numa loja de esportes e pede o número 6 para costurar na camisa?

Recentemente o Botafogo tentou eternizá-la através de Nilton Santos. Mas o 7 de Garrincha foi tão poderoso que é melhor identificar um dos melhores laterais do mundo como "a Enciclopédia". E dedicar a ele uma bela estátua, hoje erigida em frente a um dos portões do Engenhão, estádio do time da estrela solitária.

Lá fora, o Milan, em 1997, aposentou a sua camisa 6 em homenagem ao eterno líbero Franco Baresi. Mas ele brilhou numa época na qual TV a cabo e internet ainda não eram as portas de entrada para o futebol europeu, como hoje. Pouca gente soube. Pouca gente deu bola.

No Brasil, pensar que uma camisa 6 rubro-negra pudesse fazer história no meio de campo era pura, digamos, imaginação!

Só que fez. E numa métrica inesquecível. Junto com a 8 de Adílio e a 10 de Zico formou o melhor meio-campo da história do time mais popular do Brasil.

Andrade. Jorge Luís Andrade. O camisa 6 da Gávea.

Um dos poucos volantes do mundo a desfilar por aquela parte cruel do campo, à frente da própria zaga, portando a meia dúzia. O goleirão Raul e sua camisa amarela eram privilegiados. Tiro de meta para o Flamengo. Lá estava Andrade pronto para receber a bola. Reposição de bola para Raul. Nada mais óbvio do que lançar a redonda 20 m adiante, onde Andrade a esperava com polidez e educação.

O Tromba era mudo

"Naquele time inesquecível e tremendamente talentoso, todo mundo atacava, mas eu nunca me sentia desguarnecido. Ficava eu e o Andrade, conversando na área, enquanto os outros nove se mandavam", relembra Raul.

Mas ele não dava bronca em ninguém?

Raul gargalha. "Bronca, o Tromba? A gente dizia que o negão era mudo!"

Mudo não, mineiro. Mineiro de Juiz de Fora, cidade mais próxima ao Rio do que de Belo Horizonte. Foi lá que Tromba nasceu. O apelido foi dado por Júnior, quando ele subiu do juvenil do Flamengo para o profissional. E o motivo era prosaico. Os lábios enormes.

Porém, em Minas, Andrade não era nem volante, nem Andrade, nem Tromba. O menino Jorge Luiz começou a jogar bola no Vila Branca, time do bairro Monte Castelo, periferia de Juiz de Fora. Era meia-direita e adorava Jairzinho, o Furacão da Copa de 1970. Os vizinhos curtiam sair de casa para vê-lo jogar ao lado de outro moleque bom de bola, o Deodato, que atuava como volante. Jorge Luiz tinha um toque refinado e a capacidade de, ainda jovem, correr com a cabeça erguida e a bola no pé. Um dia, saindo de campo depois de mais uma vitória, camisa jogada sobre os ombros, ele e Deodato combinaram de resolver tentar a sorte no Tupi, principal clube da cidade. Afinal, Jorge Luiz sempre falou na escola que venceria na vida mais rápido do que os colegas. "Vou ser jogador de futebol." Aos que duvidavam, respondia com uma segunda opção. "Se não der certo, quero ser médico."

No dia da peneira, ansiosamente esperado pela dupla do Vila Branca, sabe-se lá o porquê, Jorge Luiz, aos 13 anos, treinou de volante e Deodato de meia. Coincidência ou destino, só o futuro camisa 6 do Flamengo passou. E logo mostrou que não iria ser médico e sim um baita jogador de futebol.

Foi jogando e encantando no Tupi. Era rápido, incansável e de pouca conversa em campo. Só a canhota que era cega. Mas não fazia falta. Pois em lugar de tentar aprimorá-la, Jorge Luiz preferiu desenvolver uma girada de corpo que permitisse o passe de três dedos com o pé direito de forma tão eficiente quanto uma chapa de esquerda. Anos mais tarde, seria uma de suas marcas registradas, ao sair jogando com Júnior, pela lateral esquerda. Mas, voltando a Juiz de Fora, a torcida mineira não teria muito tempo para vê-lo em ação. As tais linhas tortas em que alguém escreve certo se encarregaram de colocá-lo bem longe do Mineirão. Ele nunca vestiu uma camisa do Atlético, Cruzeiro ou América. O palco do roteiro da sua vida foi o Maracanã. Tudo culpa do seu Ivanir, olheiro dos bons. Era meio do ano, férias, e Ivanir lotou uma Kombi com seis meninos do Tupi. "Toca para a Gávea", disse ele ao motorista. E aquela meia dúzia de mineirinhos sonhadores sacolejou ansiosa pelas curvas da Rio-Petrópolis, descendo a serra para subir na vida.

Enquanto isso, na Gávea, com uma prancheta na mão, Jaime Valente, antigo lateral-esquerdo do clube e responsável pelas categorias de base do Flamengo, aguardava a meninada prometida por Ivanir, vinda de Juiz de Fora. Jaime, hoje um professor de Educação Física com mestrado, sempre foi atencioso, calmo e educado. Quando foi treinador, procurava dar lições de vida e de futebol aos jogadores. Metade do elenco ignorava aquelas palavras um pouco mais rebuscadas. A outra metade procurava sorver as novidades de um linguajar um tanto diferente do boleiro.

A Kombi saiu do túnel Rebouças com a gasolina já na reserva. Mas deu tempo de atravessar a Lagoa Rodrigo de Freitas, passar pela sede náutica do Vasco, pelo clube Piraquê, o Tivoli Park, que hoje nem existe mais, e finalmente chegar ao Flamengo. O motorista estacionou e lá veio a meninada tímida. Treinaram. E o olhar acadêmico de Jaime Valente não vacilou. Só um tinha jeito para a coisa: Jorge Luiz Andrade.

A volta para Juiz de Fora foi triste. Cinco meninos frustrados e um, quietinho, sem poder extravasar a alegria. Mas o grito contido saiu tão logo chegou em casa e avisou à família. Os cinco irmãos, três meninas e dois meninos, vibraram, só que o mais velho saiu no prejuízo. Não porque fosse um ponta-esquerda habilidoso que não houvesse evoluído para o futebol profissional, sim porque o irmão, agora jogador do Flamengo, implorou para o mais velho emprestar as melhores camisas que tinha. Duas. Que Jorge Luiz pôs na malinha e levou para o Rio. Não queria passar vergonha na cidade grande.

Amigos em campo

No infanto-juvenil do Flamengo, conheceu uns meninos abusados em campo, mas parceiros fora dele: Tita, Júlio César e Adílio. Este último, companheiro de gramados para a vida toda. Até hoje, ambos viajam pelo Brasil com o time *master* do Flamengo, matando a saudade e a curiosidade de quem nunca viu a dupla em ação ao lado de Zico.

Quando Andrade começou a treinar no Flamengo, Zico, Júnior, Rondinelli e Cantarelli já estavam no time de cima, semeando o que seria o timaço dos anos 1980. Foi nesta época que o Jorge Luiz virou Andrade. E Jaime Valente lembra muito bem a razão.

– Por incrível que pareça, tínhamos três Jorge Luiz. O Garrido, o Brochado e o Andrade. Para ninguém ficar chateado, passamos a chamá-los pelo sobrenome. E Andrade nunca mais foi chamado de Jorge Luiz.

Tudo caminhava bem. Nos "juniores", na época conhecido como juvenil, Andrade mostrou que era o melhor Jorge Luiz da paróquia. Usava a camisa 5 e, pela capacidade de enxergar o jogo e distribuir de forma eficiente a bola, portava orgulhoso a braçadeira de capitão. Subir para o profissional era questão de tempo. Era.

As histórias de sucesso do futebol brasileiro parecem ter uma obrigação, comum a todas: um capítulo, ou mais, de sofrimento, amargura e tristeza. A vida de Andrade no Flamengo foi brutalmente interrompida por um fato. Américo Faria, hoje supervisor da seleção brasileira, trabalhava no Madureira e foi chamado para dirigir o juvenil do Flamengo. Como era natural, levou vários jogadores do time suburbano para a Gávea. Conclusão: sobrou para Andrade. Ou melhor, sobrou *Andrade*. De titular passou a reserva. O sonho de subir transformou-se no pesadelo do banco. E pela primeira vez, o mineiro quieto que tudo aguentava, desabou.

– Fiquei muito frustrado realmente. Foi uma decepção. Eu vinha jogando de titular e, de repente, tudo o que eu havia construído podia estar sendo jogado fora naquele momento. Fui barrado. Nunca mais esqueci –, relembra Andrade, hoje treinador de futebol.

A corajosa solução, encontrada por ele mesmo, foi sair do Flamengo. Soube de uma oportunidade na Venezuela (sim, sim, na Venezuela), que na época tinha o futebol como quarto esporte nacional, atrás do beisebol, basquete e motociclismo. Mas, para Andrade, tudo era melhor do que a reserva no juvenil do Flamengo.

Por um erro de comunicação, chegou ao Ula Mérida, a quarta força do futebol venezuelano, e descobriu que carregava na mala a fama, ou melhor a lenda, de que era o substituto do Zico no time carioca. Ironia das ironias, voltou à posição de origem, a meia-direita.

– O curioso foi que eu me profissionalizei na Venezuela, acabei jogando de meia e até mesmo de atacante. Você acredita que no meu primeiro ano, fiz 13 gols? E no segundo, marquei 21 vezes? Gostaram tanto de mim que queriam me contratar. Em 1978, o Flamengo passava por dificuldades financeiras e quase me vendeu. Graças a Deus não aconteceu. E eu voltei no final do ano.

Voltou para um time que andava precisando de volante. Paulo César Carpegiani, o titular, machucava-se com frequência por causa de um problema muscular insistente. Chegava a hora de entrar no time. Mas não era com a camisa 5. Esta já estava sendo consagrada por Júnior. O jeito foi herdar, com muita honra, a 6 de Carpegiani. Nascia ali o camisa 6 da Gávea.

Era ele o responsável pelo primeiro combate aos adversários atrevidos que ousavam atacar aquele Flamengo. Era ele quem buscava com os olhos o menino, e velho conhecido, Adílio, jogando na meia. Era ele quem sinalizava e lançava Zico para o Galinho dar alguma sequência genial. Era ele quem mandava o zagueirão Mozer atacar, tranquilizando a todos. Era ele quem absorvia as críticas de que o time era excelente, habilidoso, ofensivo, mas tinha um sistema defensivo débil. Em pouco tempo, mostrou que era fundamental. O técnico Coutinho tinha que arrumar espaço para aquele garoto, sem barrar Carpegiani.

Manda o Adílio para a ponta

A solução foi engenhosa. O meio ficou com Andrade, Carpegiani e Zico. E Adílio foi deslocado para a esquerda, onde protagonizou momentos mágicos no Maracanã, ao driblar inúmeros laterais-direitos num exíguo espaço de campo, lá no canto da bandeirinha do escanteio.

No ano seguinte, Carpegiani trocou o gramado pela prancheta e tornou-se o novo treinador do Flamengo. Adílio voltou para o meio, sem deixar de visitar a ponta esquerda eventualmente. E montava-se ali o meio de campo histórico.

Andrade, Adílio e Zico.

Talento de A a Z.

O menino inibido de Juiz de Fora passava a ser o fiel da balança, o ponto de equilíbrio, a base da espinha dorsal da escalação rubro-negra mais inesquecível dos últimos tempos: Raul, Leandro, Figueiredo, Mozer e Júnior. Andrade, Adílio e Zico. Tita, Nunes e Lico.

– Numa posição daquela, Andrade tinha a incrível capacidade de não fazer faltas. Sabia marcar como poucos e tinha uma precisão impressionante nos passes. Era um dos responsáveis pela liberdade em campo de Zico, Júnior, Leandro e Cia. –, atesta o narrador e apresentador Luis Roberto.

Andrade chegou no nível em que até mesmo algumas jogadas suas que não terminaram em gols entraram para a antologia do futebol brasileiro.

Foi num feriado em 15 de novembro de 1987. Proclamação da República. Mas também se não fosse, seria declarado feriado já no ano seguinte. Dia do chapéu.

Num Pacaembu lotado, Corinthians e Flamengo jogavam pelo segundo turno da Copa União. E o time carioca tinha um elenco de respeito. De Andrade para frente: Aílton, Zico, Renato Gaúcho, Bebeto e Zinho. De quebra, Leonardo na lateral-esquerda. Do outro lado, um Corinthians meio entressafra. Waldir Peres, Vladimir, Biro-Biro e Edmar dividiam o campo com Marcelo, Eduardo, Marcos Roberto...

Não à toa, o primeiro tempo foi jogo de um time só. Zico chuta de fora da área. Para fora. Tenta de novo, agora de primeira, quase. Renato cruza, Bebeto cabeceia no travessão. Aílton perde mais um gol, Zinho outro. Até que Renato sai da direita e vai lá para a ponta esquerda fazer uma "jogadaça" que termina num cruzamento perfeito para Aílton fazer 1 a 0. Vem o segundo tempo, vem mais uma pancada no travessão, desta vez de Zico. Só que o Corinthians, na empolgação e correria, consegue empatar com Marcos Roberto. Um empate injusto. Não pelo volume de jogo rubro-negro, mas pelo que viria a acontecer em poucos minutos.

O Flamengo continua a pressão. Sabia que era mais time. Queria a vitória mesmo fora de casa. A bola está no grande círculo. Andrade, imperial, a conduz sem ser importunado, olha para o lado esquerdo, Junior está marcado. Zico aparece do lado direito. Nem precisa pedir. Recebe. Biro-Biro cerca. O Galinho devolve para Andrade, que ruma, impávido, na direção da grande área corintiana. Eduardo se aproxima, tenta tirar, ainda toca nela, mas em vão. Andrade dá sua trivela sutil, curta, em busca de Aílton, travestido de ponta-direita. Ele lança por cima da defesa, para dentro da área, onde já está Andrade, à espera do passe. Wilson Mano prevê o pior e vai com tudo. Andrade mata no peito, dá um chapéu histórico em Wilson, a bola já cai dentro da pequena área e, de primeira, toca no canto direito de um desesperado Waldir Peres. A bola vai, vai, vai…trisca a trave e sai para fora. O estádio vem abaixo. Um lado aliviado, o outro frustrado. E Andrade?

Andrade volta trotando para o seu campo, como se nada tivesse acontecido.

Sobriedade e instinto

"Era essa sobriedade que eu admirava em Andrade. Não era frieza, muito menos distanciamento do calor do jogo. Era sóbrio", elogia o jornalista e colunista de *O Globo*, Renato Maurício Prado, que acompanhou a saga do volante dentro do Flamengo desde o início.

Onde Andrade aprendeu isso tudo?

A resposta, que pode parecer pretensiosa, soa humilde.

"Instinto."

Mas havia muito mais do que isso.

Andrade não era *naïf*. Estudava e observava os atacantes antes dos jogos e até mesmo nos 5 primeiros minutos. Para onde corriam, para que lado driblavam, se batiam de primeira, se amorteciam com a perna direita ou esquerda. Arturzinho, um baixinho habilidoso que teve passagens excelentes por Fluminense, Vasco e Bangu, cortava um dobrado com Andrade. O volante flamenguista sabia que ele ameaçava chutar para o gol e dava o corte. Moral da história. Andrade sempre tirava a bola de Arturzinho e já ligava o contra-ataque.

ANDRADE

Aquele Flamengo tinha uma dinâmica de jogo impressionante e irritante. Para os adversários. Havia momentos que parecia um time de futebol de salão com 11 jogadores se exibindo no gramado. Com passes curtos e precisos, o time encurtava os espaços – o que facilitava a tarefa de marcação de Andrade.

"Não à toa, vários jornalistas achavam que eu tinha vindo do futebol de salão. Que nada. Era mérito do time aquele estilo de jogo."

Um estilo de jogo que produziu jogos inesquecíveis, vários deles com a marca de Andrade. Um deles muito especial. O famoso e histórico 6 a 0. Mas 6 a 0 para quem?

Primeiro para o Botafogo. O último suspiro do esquadrão alvinegro do final dos anos 1960 aplicara uma goleada humilhante no Flamengo, em 1972. Em pleno Maracanã, deixou metade do estádio ruborizada e envergonhada. Começo de jogo, Carlos Roberto dá uma pancada e, no rebote, Jairzinho, na época de camisa 10, ídolo de Andrade, faz o primeiro. Pouco depois, Jairzinho lança Fischer. O argentino faz 2 a 0. E faz 3 a 0 em cima do goleiro Renato, no fim do primeiro tempo. O quarto é novamente de Jairzinho, depois de um corta-luz de Fischer. Eram 25 minutos do segundo tempo. O pior ainda viria. De calcanhar, Jair faz o quinto, humilhando, trucidando a alma e o orgulho rubro-negros. E o sexto gol logo chegaria pelos pés de Ferreti. Marinho dá uma pancada, Renato não segura e, aos 43 minutos, o delírio botafoguense chega ao fim. Durante nove anos, desde aquele dia, a torcida alvinegra não perdia discussão alguma no colégio, no trabalho ou no barzinho da esquina. Bastava mostrar uma mão cheia e o dedo indicador na outra. Seis. Seis a zero. E ponto final.

Mal sabiam eles que não era um ponto final. Era ponto e vírgula. A geração mais vitoriosa do Flamengo não se contentou em conquistar a América e o mundo. Era preciso mudar o rumo da história.

E foi no dia 8 de novembro de 1981. Até então, um jogo como qualquer outro. Perdido no Campeonato Carioca. Pior, era a quinta vez que se enfrentavam no ano e o Flamengo não vencera nenhum. Mas logo aos 6, também aos 6, Nunes faz 1 a 0. E começa o desfile da vingança. Zico de fora da área. Dois. Lico. Três. Escanteio para o Flamengo. Adílio faz o quarto gol. Ainda no primeiro tempo. Andrade, por enquanto, era um coadjuvante de luxo. E súbito, começa a ouvir a torcida gritar "Queremos seis! Queremos seis!" Na volta do intervalo, pênalti, e Zico faz o quinto aos 30 minutos. Os gritos continuam. Será que dá?

Deu.

Zico para Júnior. Para Andrade. Para Adílio. Para Lico. Para Adílio. Cruzamento. O zagueiro botafoguense Jorge Luís sobe com Zico e cabeceia a bola para fora da área. Ela quica uma vez, mas antes de atravessar a linha do meio círculo, leva um susto: Andrade surge como um relâmpago e, de bate-pronto, solta um canhão que quase fura a rede do goleiro Paulo Sérgio. O camisa 6 faz o sexto gol. Mas pode chamar também de gol do título.

A lista de jogos inesquecíveis faz Tromba confessar, emocionado.

– É difícil ficar longe disso tudo. Do vestiário, da concentração, do clima dos jogos. A gente passava mais tempo no clube, jogando e viajando, do que com a família. A partida em Tóquio, quando ganhamos do Liverpool por 3 a 0 e fomos campeões mundiais também deixou saudades. A virada em cima do São Paulo...

Tudo foi importante para Andrade. Um sexto gol mágico. Um título mundial. Uma virada histórica. Como se não houvesse degraus. Como se sua vida esportiva fosse uma só prateleira, sem um ranking ou troféu melhor que o outro.

A maior frustração

Mas faltou uma coisa que nem a brilhante passagem pelo Vasco, em 1989 – quando foi, individualmente, pentacampeão brasileiro (quatro vezes pelo Fla e uma pelo Vasco) –, garantiu. Nem a medalha de prata nas Olimpíadas de Seul, em 1988, jogando num time com Romário, Bebeto, Careca, João Paulo, Taffarel, Geovani, Edmar conseguiu compensar. Muito menos o ano que passou na Itália, jogando pela Roma, alternando boas e más atuações.

Faltou a verdadeira seleção. A amarelinha. Participar de uma Copa do Mundo. Andrade jogou apenas 13 vezes pelo Brasil. Não foi suficiente.

– Acho que me faltou uma Copa do Mundo. É uma competição que te coloca em outro patamar. Tenho um reconhecimento muito bom, mas no nível nacional. Se tivesse participado de um mundial, meu status como jogador, no mundo, seria outro – diz Andrade, alternando frustração e humildade.

Humildade a ponto de jamais ter conversado ou cobrado de Telê Santana a razão por não ter sido convocado para a seleção em 1981 e ver Vítor, seu reserva no Flamengo, ser chamado. Respeitou a decisão, mas ficou desestabilizado emocionalmente. Já não sabia mais como provar que merecia uma vaga. Andrade sempre foi de paz.

A temporada europeia, sete anos mais tarde, também foi frustrante. Durante um torneio na Holanda pelo Flamengo, em 1988, Andrade machucou o joelho e não conseguiu chegar a tempo de fazer a pré-temporada com a Roma, que acabara de contratá-lo.

Ao contrário das longas corridas aeróbicas na praia ou nas Paineiras, que lhe davam o fôlego necessário para o vaivém de um volante moderno, Andrade encontrou na Europa uma preparação física baseada em tiros curtos e poucos coletivos. Aos poucos, foi perdendo o condicionamento físico. Para piorar, teve problemas com Giannini, o queridinho da torcida e do clube italiano. O camisa 10 romano começou a reclamar, em público, que Andrade estava ocupando a mesma faixa de campo. Na verdade, acostumado a buscar jogo, estranhou a ligação rápida que o brasileiro fazia. Em lugar de receber a bola, Giannini queria buscá-la.

"Profissionalmente não foi uma passagem boa, mas em termos de vivência foi muito bom", relembra o mineiro.

Na volta da Europa, o pai de Tábatta, Tayana e Tayorran ficou três semanas treinando na Gávea, mas Telê, então técnico do Flamengo, não o quis. Andrade recebeu duas propostas: do Guarani e do Fluminense. Estava quase assinando com o tricolor quando apareceu o Vasco, montando um grande time e querendo Andrade para compor o meio de campo com William, Bismarck, Tita e Bebeto.

Depois do título brasileiro de 1989, veio a percepção de que a idade estava chegando, mas a vontade de jogar futebol era muito maior que a necessidade da aposentadoria. E o "cracaço" do Flamengo, Roma e Vasco começou a perambular por pequenas equipes. Internacional de Lages, Operário de Vargem Grande, Desportiva Capixaba, Bacabal e Barreira. Um fim de carreira tão anacrônico, que nem ele lembra o último jogo que fez no Barreira, do Rio, ao lado de Adílio, Gilmar Popoca e Ernani.

Melhor assim.

A lembrança de Andrade tem que ser sempre a de camisa 6 da Gávea com seus chutes de meia distância, sua elegância na marcação e a incrível capacidade de não fazer faltas.

Foi expulso apenas duas vezes em quase 20 anos de carreira.

"Quando eu vestia a camisa do Flamengo, eu me agigantava, me sentia motivado, pensava como se fosse um cara mais alto, maior. Acho que eu crescia uns 70 cm com o manto sagrado."

ANDRADE
21/4/1957

TÍTULOS		
	Flamengo	Campeonato Carioca 1979, 1979-Especial (Campeonato extra promovido pela Federação do Estado do Rio), 1981, 1986
		Campeonato Brasileiro 1980, 1982, 1983, 1987
		Libertadores da América 1981
		Mundial Interclubes 1981
	Vasco	Campeonato Brasileiro 1989
	Desportiva	Campeonato Capixaba 1992
	Operário	Campeonato Matogrossense 1994
	Seleção brasileira (11 jogos e 1 gol)	Torneio Bicentenário da Austrália 1988 Medalha de prata – Olimpíadas de Seul

ENTREVISTA

ZICO

"O Tromba marcava, desarmava, lançava e ainda tinha fôlego para chegar na frente e fazer gols."

Os mais velhos lembram bem. De 1953 a 1966, Dida foi tão ídolo do Flamengo que ninguém imaginava o surgimento de outro jogador que pudesse superá-lo. O dissílabo, nascido Edvaldo Alves Santa Rosa, sempre foi conhecido como o maior artilheiro da história do Flamengo. Marcou 244 gols em 357 partidas. Rápido, habilidoso, foi titular da seleção brasileira no início da Copa de 1958.

No bairro de Quintino, subúrbio do Rio, um pequeno rubro-negro franzino vibrava junto com a família nos anos 1960, que acabavam de começar. O menino era Arthur, brincava nas ruas fingindo ser Dida. Dentro de casa, jogando botão, também era Dida, o herói de seus sonhos. No dia 23 de abril de 1961, foi ao Maracanã com o pai, José Antunes Coimbra, ver Flamengo e Corinthians na decisão do torneio Rio-São Paulo. Vitória carioca por 2 a 0. Um dos gols feito por Dida.

Seis anos depois, no dia 28 de setembro de 1967, Zico faz um teste na escolinha do Flamengo, passa, e na primeira tarde de outubro estreia fazendo dois gols na vitória de 4 a 3 sobre o Everest. Quatro anos depois, na Fonte Nova, o primeiro gol no time profissional, no empate em 1 a 1 com o Bahia. Em 1979, uma vitória ordinária do Flamengo sobre o Goytacaz, 1 a 0, cairia no esquecimento se o gol não tivesse sido marcado por Zico, quebrando o recorde de gols do ídolo Dida.

Hoje, os mais velhos e os mais jovens lembram bem. Arthur virou Arthurzico, que virou Zico, que virou deus de uma nação. O antigo fã de Dida é ídolo eterno do time mais popular do Brasil. Com o manto sagrado, jogou 731 vezes e marcou 508 gols. No Maracanã, ninguém balançou a rede mais do que ele, fazendo a torcida celebrar 333 vezes.

Foi o líder de um time que só fez aumentar a idolatria do Brasil pelo Flamengo. E testemunhou a ascensão e a importância de Andrade para o rol de conquistas, que culminou com o título mundial de 1981 no Japão. Zico viu Andrade crescer, tornou-se amigo do Tromba e credita a ele o título de *coração* do esquadrão maravilhoso, formado por Raul, Leandro, Marinho, Mozer e Júnior, Andrade, Adílio e Zico, Tita, Nunes e Lico.

Zico sabe das coisas. Leia por quê.

Raul disse que o Tromba era mudo em campo. É verdade?
Essa é boa. Realmente, a gente não o escutava. E para falar a verdade, nem no lado de fora do campo. E olha que ele tinha a voz grossa. Mas tem uma coisa, Tromba era mudo, mas não era santinho. O que ele mais gostava era fazer alguma provocação, pôr fogo na roda dos amigos e sair fora, de fininho, se divertindo com a nossa cara.

Como pôde, então, um jogador "mudo" ser tão importante para um time campeão mundial?
É porque o nosso time todo não tinha muito essa característica de gritar um para o outro. Conversávamos no vestiário, antes do jogo, ou então no intervalo, para acertar as falhas em campo. Talvez porque fôssemos muito íntimos e conhecidos. Não éramos de falar muito não. Éramos de jogar.

Qual a importância do Andrade na sua carreira?
Muita gente achava e ainda acha que o Andrade era fundamental porque cobria os meus avanços e os do Adílio. Mas a grande função dele era cobrir os laterais e os zagueiros. Afinal, Júnior, que originalmente era um meio-campo, avançava toda hora. Leandro também saía muito. Quando o Mozer abandonava, Andrade virava

Depois de jogar na Europa, voltou e foi campeão brasileiro pelo Vasco.

Zico, companheiro de tantos títulos, driblando no Maracanã, observado ao fundo por Andrade.

o quarto-zagueiro. E também dava uma de zagueiro central na hora em que o Marinho tentava a cabeçada lá na frente. Quando a gente estava com a bola, ele ficava na frente dos zagueiros, quando perdia, ele entrava por trás, cobrindo todo mundo.

E ainda fazia gol?
Pois é, o Andrade fazia tudo isso e ainda conseguia ter fôlego e chegar na frente para fazer gol. Jogávamos muito na linha do meio de campo, encurtando espaço. E ninguém era de marcar. Por isso fazíamos a marcação sobre pressão no campo do adversário, já que ninguém da frente sabia marcar.

Você acha Andrade injustiçado?
Acho que sim. Naquela seleção de 1982, que encantou o mundo, tínhamos a expectativa de que ele pudesse estar no grupo. E ainda teve o episódio do Telê convocar nas Eliminatórias o Vítor, que era reserva do Andrade no Flamengo. Era uma fase excelente do Tromba, sendo considerado um dos melhores do time nos jogos finais do Campeonato Brasileiro. Sempre foi um cara em nível de seleção.

O que fazia de Andrade um volante tão especial?
A bola vinha limpa. Eu não precisava ir muito lá atrás para buscá-la. Possuía uma qualidade técnica muito boa. Não fazia falta no desarme. Aprendeu a tomar a bola dos outros sem fazer falta. E, para mim, o volante tem que ser o melhor passador do time, porque é o cara que mais pega na bola. Andrade quase não errava passes e a gente ganhava muito com isso. Mas, atenção! Hoje em dia vejo muitas estatísticas, e vários volantes com índice alto de passes certos, mas a maioria tudo passezinho curto, que não dá em nada. Andrade jogava na vertical, para frente, não vinha com passinho para o lado.

Você tem alguma noção de por que ele não deu certo na Roma?
Os italianos, quando compram alguém, vão muito por alguma coisa que eles viram, e o Andrade tinha feito um gol fantástico na Áustria,

pela seleção, e os caras ficaram encantados com aquilo. E acharam que ele faria esse tipo de lance várias vezes. E isso não era regular no jeito do Andrade jogar. Havia uma expectativa de ele jogar mais na frente, com Renato Gaúcho, e não deu certo. E se você não consegue logo de cara mostrar seu valor na Europa, vai ficando na geladeira. E o time romano estava cheio de problemas internos.

Um dos momentos mais marcantes na carreira de Andrade foi o sexto gol no Botafogo, na revanche do 6 a 0. Você lembra bem do jogo?
Acho que o número 6 está gravado dentro da alma do Andrade. Incrível. Só ele podia ser o treinador do hexacampeonato do Flamengo. Lembro bem do lance. O Adílio limpou a jogada, pôs na área, eu disputei na cabeça, a bola desceu e veio em cima dele, que soltou a bomba. Fizemos algo parecido em outro jogo histórico, contra o São Paulo, no Maracanã. No primeiro tempo levamos um banho, era para ter tomado quatro ou cinco gols, mas acabou 2 a 0 para eles. Viramos no segundo tempo e um gol foi assim, comigo ajeitando para o Andrade bater de longe.

Andrade, Adílio e Zico foi o maior meio-campo em que você jogou?
Certamente foi o das maiores conquistas. Porque na realidade não éramos exatamente um meio-campo. Essa formação só funcionava quando o Flamengo armava as jogadas. Porque na hora de se defender e de marcar, mudava tudo e o Tita e o Lico se juntavam ao Andrade. Um meio-campo *flex*. Porque se eu e Adílio fôssemos marcar, perderíamos a força e o fôlego para jogar lá na frente. A gente no máximo voltava, fechava e cercava o adversário.

Leão diz que a timidez atrapalhou o sucesso de Dudu. A humildade também teria atrapalhado uma carreira mais glamorosa de Andrade?
Pode ser. Não fica longe disso não. Às vezes você fica muito escondido, deixa os outros acharem que podem fazer tudo contigo… mas, tem hora, tem que dar um bico na lata! Não podemos perder nossos valores, a humildade não atrapalha nem condena, mas muitas vezes temos que impor nossa posição.

Andrade diz que vocês não tinham noção que faziam parte de um time histórico. Era humildade dele?
Não, não, ele tem razão! Não era perceptível mesmo não. Você não consegue visualizar uma situação como essa na hora em que a está vivendo. A gente sabia da importância que a gente tinha. Porém, não tínhamos a noção do que isso representava e representaria no futuro. E isso aumenta muito quando os resultados das gerações posteriores não são bons. Por isso sou contra esta história de torcer contra o presente para valorizar o passado de que fiz parte. Quero mais é que todos ganhem, batam recordes... fiquei feliz da vida com o hexa. Não quero ser lembrado só porque os outros perderam. Eu quero o Flamengo ganhando e todo mundo pedindo para eu ser presidente. O inverso não!

Você foi expulso muito mais vezes que o Andrade, que só tomou o vermelho em duas ocasiões. Como explicar isso você sendo camisa 10 e ele camisa 6?
Bom, primeiro porque ele aprendeu a tirar a bola dos outros sem fazer falta. Era um perito, um gênio do desarme. Isso é muito difícil de acontecer num volante. Na posição que ele joga, assim como os zagueiros, o esperado é fazer a falta, parar a jogada, mas ele teve um aprendizado diferente. Curiosamente isso se encaixava no estilo do Telê e mesmo assim não era convocado por ele. Já eu era sempre provocado, apanhava muito mais, e minhas expulsões eram fruto de reclamações ou revide dos pontapés que eu levava. Quem é mais visado tem mais risco de fazer besteira na revanche. O Andrade era tão bom para fazer isso que, como treinador do Flamengo em 2009, conseguiu que o Aírton e Willians parassem de fazer falta, de cometer pênaltis, para poderem jogar bola.

Alguma vez o Tromba reclamou do Galo por causa do apelido?
Se ele reclamou foi porque pegou! Quem reclamava se dava mal. Agora, cá entre nós, com aquele jeito dele falar, todo enrolado, vai reclamar de quê???

Andrade diz que muito do que aprendeu deve ao Carpegiani, que não era volante, mas jogou mais recuado no Flamengo.

Eu chamava o Carpegiani de "Sempre Livre", porque estava sempre no melhor lugar! Era uma piadinha grossa que nunca contei para ninguém. Mas o fato é que conseguia, durante o jogo, dar um apoio impressionante aos armadores, através de sua técnica, habilidade e posicionamento. Aí o técnico Coutinho colocou Carpegiani de volante. Deve ter sido a grande escola para o Tromba, porque quando Coutinho precisava defender um pouco mais, punha Andrade e Carpegiani juntos. E jogar com ele era um grande aprendizado. Tocava rápido e se apresentava.

Defina Andrade.

Um cara fantástico jogando bola, descomplicava as situações mais enroladas, dono de uma singular precisão no passe, mesmo não tendo a perna esquerda. Nem para roubar a bola ele usava a canhota. Foi o típico destro que jogou como o típico canhoto que foge da perna direita o tempo todo.

Qual a grande lembrança que você tem dele?

Várias, mas teve um jogo contra o Maradona que, no final, veio falar comigo: "Zico, quem é esse cara que não me deu uma porrada, não puxou a minha camisa nenhuma vez e não me deixou jogar?" Andrade, Diego. Andrade.

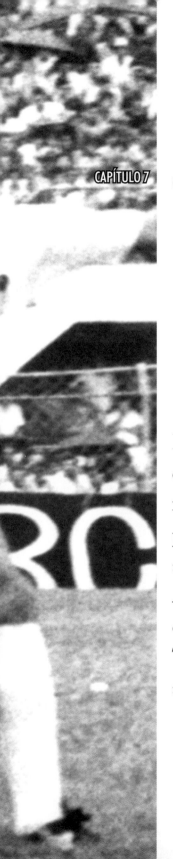

CAPÍTULO 7

CLODOALDO

Ele tinha tudo para não dar certo. Órfão aos 6 anos, foi para São Paulo num pau de arara e começou a trabalhar ainda criança. Aplaudiu, do morro, o desfile do Santos campeão mundial. Três anos depois, jogava ao lado deles.

"Clodoaldo era bom demais. Danado, uma fera na marcação", afirma o craque Júnior.

"Se não tivesse feito o gol no Uruguai, em 1970, até hoje estaríamos buscando o empate", relembra o apresentador e santista Milton Neves.

"Um garoto no meio de tantos craques consagrados", elogia o narrador Milton Leite.

"Um 'cracaço', atrás e na frente", analisa o jornalista Renato Maurício Prado.

"Não me lembro de ter visto Clodoaldo perder uma dividida", enaltece o jornalista e santista Odir Cunha.

"Técnica apurada, passe perfeito. Hoje em dia seria um camisa 10", opina o narrador Luis Roberto.

"O Clodoaldo tem que estar em qualquer lista", garante o eterno Falcão.

Há muito mais elogios gravados, escritos e anotados para Clodoaldo Tavares Santana. Mas é preciso contar a história de Corró. Uma história de vida. Uma história de craque.

Clodoaldo foi titular do time que mora no coração de todo terráqueo amante do futebol. A seleção brasileira de 1970. A seleção da ponta da língua. Começava Félix, Carlos Alberto, Britto, Piazza e Everaldo. Continuava Clodoaldo, Gérson, Rivellino e Pelé. E terminava Jairzinho e Tostão. Um time onírico, que ainda vive na imaginação de milhões pela poesia que emprestou ao futebol no Mundial do México. Venceu as seis partidas. Algumas apertadas, outras de forma imperial. Calhou de jogar de camisa amarela, short azul e meias brancas em todos os jogos, aumentando o mito. Foi tricampeã e coroou Pelé, pelos passes que deu e os gols que marcou e não marcou.

A camisa 5 pertencia a Clodoaldo. Um jogador tão completo e comprometido que obrigou o técnico Zagallo a arrumar um jeito dele e do eficientíssimo Piazza jogarem juntos. Sobrou a zaga improvisada para o eterno capitão cruzeirense e a cabeça de área para o santista. "Do meio para trás, ninguém foi melhor que Clodoaldo", sacramenta Pepe, ponta-esquerda de outro time histórico, o Santos dos anos 1960. Sorte do Brasil que Clodoaldo também entendia um bocado do meio para a frente. "Se não fosse ele, não sei se venceríamos aquele jogo dificílimo da Copa de 1970", garante o jornalista Milton Neves.

O gol mais importante da Copa

O Uruguai tinha feito 1 a 0 e ressuscitado o famoso fantasma de 1950. Jogo duríssimo. Zagallo já começava a pensar em substituir Clodoaldo, para tornar o time ainda mais ofensivo. Rivellino tinha cobrado falta e nada. Pelé reclamara de um pênalti não marcado. O mesmo Pelé dera um peixinho de cabeça e quase fizera um gol. "Olhei para o banco e quando olhei novamente a partida, lá estava Clodoaldo no campo de ataque. De repente, invade a área e empata aos 44 minutos do primeiro tempo. Ainda bem que não o tirei!", relembra o treinador.

A jogada foi espetacular.

Mas ninguém melhor para recontá-la do que seu protagonista.

– A minha preocupação maior era fazer a cobertura quando nossos laterais avançavam. Mas logo percebemos que os uruguaios estavam conseguindo marcar Gérson de tal forma que o Canhotinha não concluía seus famosos lançamentos, uma das nossas armas secretas. Lembro que passei a avançar, mais do que o normal, para ajudar o Gérson.

Os mais românticos e os poetas adoram dizer que na única vez que Clodoaldo se atreveu o Brasil fez o gol. Não foi bem assim. No mesmo jogo, no mesmo primeiro tempo, o camisa 5 já havia avançado até a entrada da área e dado um chute perigosíssimo, de canhota, que passou bem perto da trave de Mazurkiewicz.

Este jogo, aliás, foi tão marcante que num recente encontro entre Clodoaldo e o presidente Lula, o chefe da nação o parabenizou, atestando que o gol contra o Uruguai tinha sido o mais importante da Copa do Mundo de 1970. Clodoaldo, sempre humilde, diminuiu o próprio feito.

– Talvez a importância seja pelo momento em que o gol veio. Não jogávamos bem. Eu recebi do Everaldo, toquei no Tostão e fui embora. Não tinha noção do relógio, do tempo, de nada. Recebi o passe e, quando finalizei, só vi os uruguaios reclamando que o gol tinha saído depois do tempo. Mas foi aos 44 minutos!

E olha que Clodoaldo adora dizer que, naquela seleção, quando pegava na bola, olhava para a frente e via Jairzinho, Gérson, Tostão, Pelé e Rivellino. "Quem era eu para me atrever a ocupar o espaço destas feras que eu chamava de cinco ases?"

Quem era ele? O mesmo jogador capaz de protagonizar outro lance incrível daquela Copa.

Por incrível que pareça, o tal gol famoso contra o Uruguai rivaliza com outra jogada também protagonizada por Clodoaldo nos gramados mexicanos. O Brasil vencia a Itália na finalíssima por 3 a 1. Os italianos ainda tentavam um último respiro e marcavam por pressão. Itália no ataque. Tostão rouba a bola e atrasa para Piazza, que toca rápido para Clodoaldo, na cabeça da área. Ele, de primeira, rola suavemente para Pelé, e o Rei para Gérson, que atrasa novamente para Clodoaldo. Os italianos dão uma blitz. Quatro jogadores cercam o volante, na intermediária do Brasil. Tensão. Suspense. Perder a bola ali era suicídio. "Dá um bico, Clodoaldo!", grita parte da nação. "Atrasa essa bola para o Piazza, Clodoaldo", roga outra parte do país. "Lança alguém no ataque, não perde esta bola, Clodoaldo, pelo amor de Deus", clama o restante da população.

E o que Clodoaldo fez?

Ficou sassaricando com a bola, driblando todos os italianos, numa espécie de roda de bobo às avessas, com o bobo de posse da bola, fazendo de tolinhos os que o cercavam. Oito toques mágicos.

– Foi espontâneo, na hora em que eu peguei a bola e recebi, passei o pé por cima dela, iludi o primeiro, o segundo, veio o terceiro... Mas engana-se quem acha que eu estava muito tranquilo nesta hora. Sentia-me pressionado ali, com aquele monte de italianos saindo para fazer o abafa em cima de mim. Nem me fala se eu perco a bola!

Não perdeu.

Depois de cansar os adversários, entregou para Rivellino, ainda na intermediária brasileira. Riva estica para Jairzinho, que avança e lança Pelé. O resto é história. O resto é passe. O resto são milhões de repetecos nas televisões do mundo todo, até hoje, do gol mais perfeito da história em finais de Copa do Mundo. "Recebe Pelé, sem olhar ele dá para o Capita que vem de looonge, chuta.... e é golaaaaço de Carlos Alberto!! Brasil 4 a 1!!!!"

E tudo começou com Clodoaldo.

Uma infância difícil

Mas nem tudo começou bem na vida de Clodoaldo. Aliás, tudo foi muito mal durante a infância do menino, em Aracaju, capital de Sergipe. Ficou órfão de pai e mãe antes dos 6 anos de idade. Não sabia no que pensar durante a dura viagem de pau de arara até São Paulo, ao lado do irmão, atrás de um futuro melhor. Clodoaldo Tavares Santana tinha tudo para dar errado. O trajeto Nordeste-Sudeste terminou na Praia Grande, cidade do litoral paulista. Lá, o gurizinho lutava contra a enorme vassoura para dar conta da faxina na colônia de férias do Banco Noroeste, onde o irmão era zelador. Três anos depois, mudou-se com a irmã para Santos. Acabou morando sozinho, carregou muitas frutas e sacolas nas feiras livres da cidade até arrumar um emprego num armazém, com a autorização do Juizado de Menores. Enquanto isso, os estudos iam ficando para trás.

E o futebol surgindo de repente. No fim do seu primeiro ano no armazém, foi chamado para participar de um amistoso festivo contra uma outra companhia, no Paraná. Pela segunda vez, fazia uma viagem interestadual, mas, nesta oportunidade de modo mais confortável e terminando de forma triunfante. Seu time ganhou de 11 a 0 e Clodoaldo fez cinco gols. Quase não voltou para Santos, pois um olheiro paranaense queria que ele ficasse por lá, tentando uma vaga em alguma categoria de base de time grande. A tentação foi enorme, mas arriscado demais aceitar. O sergipano que virara santista teve medo de tornar-se paranaense em tão pouco tempo de vida.

Mas a viagem deu em Clodoaldo o primeiro estalo de que o futebol poderia ser uma opção de vida. E em 1963, já fazia algumas incursões no futebol de várzea da Baixada Santista. Jogou no Grêmio do Apito, depois no Barreiros. E às vezes nos dois ao mesmo tempo. Sem família, nem ninguém para dar satisfação, Clodoaldo Tavares Santana ia escrevendo seu destino ao lado da melhor amiga. A bola.

Até que um dia a menina bola retribui tanto carinho.

Ernesto Marques, o descobridor

Calhou de jogar contra o Santos, num fim de semana. Seu talento e fome de bola chamaram a atenção de Ernesto Marques, técnico das divisões inferiores do clube, e foi chamado para a Vila Belmiro. Em pouco tempo, levou cartão vermelho do trabalho pelas faltas acumuladas e passou a se dedicar tremendamente aos treinos. Mas, para isso, contou com a boa vontade de Ernesto, que levava a meninada para a casa e forrava o estômago de todos com uma boa sopa. Clodoaldo quase passou fome nesta época, não fosse a tal sopa e os bicos que arrumava para fazer quando não treinava. Tanta entrega comoveu Nicolau Moran, diretor de futebol, que arrumou um lugar no alojamento da Vila Belmiro. Mas o calor do lugar acabava levando os pequenos craques a um momento de improviso poético. Não foram poucas as vezes que Clodoaldo e seus primeiros companheiros iam dormir na arquibancada, ao ar livre, sob o céu estrelado.

A vida de Clodoaldo era o próprio refrão do hino do clube. "Santos, Santos, Santos!". De manhã, de tarde e de noite. Quando não estava treinando no infantil, ia cobrir buraco no juvenil ou até mesmo no profissional. "Chama o garoto", era a senha para ele voar da arquibancada até o campo. Até de goleiro treinou, desenvolvendo todos os fundamentos. Passou a chutar de esquerda tão bem quanto de direita. Cabecear com firmeza. Dar passes certeiros. E, de quebra, ganhou um fôlego absurdo. Chegou a dar 40 voltas noturnas ao redor do campo da Vila Belmiro.

O apelido Corró veio da tenra infância em Santos. Mas nem ele sabe exatamente a razão. Corruptela de Curió, por ser um menino magrinho? Apelido de algum pássaro nordestino? "Vou morrer sem saber a explicação exata." É fato, porém, que o dicionário mostra ser Corró o nome generalista que se dá aos peixinhos de açude, no Nordeste. Faz sentido. Um peixe no Peixe.

Revelação no campeonato de aspirantes de 1966, o peixinho Corró ganhou como prêmio participar de uma das famosas excursões que o esquadrão santista fazia mundo afora. E logo no jogo de estreia, na Colômbia, um dos momentos mais marcantes da carreira. Aos 16 anos, substituiu Zito contra o Milionários de Bogotá e fez seu primeiro gol no time principal. Pena que o jogo foi 2 a 1 para os adversários.

Nesta época, ouviu um dos ensinamentos mais sábios e que até hoje lembra com carinho. O treinador do Santos, Antoninho, viu que o menino tinha jeito, mas foi claro no diagnóstico: "Corró, meu filho, do meio para trás, você será imbatível e pode até chegar à seleção. Mas do meio para a frente, você vai enxergar muita gente superior a você".

Clodoaldo nunca mais esqueceu. Talvez por isso tenha feito apenas 14 gols em mais de 500 partidas pelo glorioso alvinegro praiano.

"Antoninho tinha razão. Joguei com Pelé, Rivellino, Tostão, Brecha, Nenê, Pita, Ailton Lira, Paulo César Caju... E sempre soube onde me posicionar, para ajudá-los e jamais atrapalhá-los."

E Zito lhe deu a camisa 5

O segundo grande momento profissional na vida de Clodoaldo viria no Campeonato Paulista de 1967. Ele já estava atuando ao lado do seu grande ídolo Zito, em final de carreira. E ficava mais atrás, por causa da condição física do veterano companheiro. Ele com a camisa 8 e o velho craque com a 5. Num jogo no Pacaembu, contra a Portuguesa, estava ainda no vestiário, aguardando as últimas orientações quando o inesquecível aconteceu. O eterno capitão do Santos, titular da seleção brasileira, chamou o treinador Antoninho antes do time entrar em campo e disse: "A camisa 5 a partir de hoje é do moleque". Daí para frente, vieram três títulos estaduais seguidos em 1967, 68 e 69.

O que impressionou imediatamente a torcida foi a autoridade que aquele tal moleque mostrava jogando ao lado de monstros consagrados como Pelé, Gilmar, Pepe, Carlos Alberto e tantos outros. Dono de um fôlego invejável, Clodoaldo era um ás na marcação e quando chegava na frente mostrava habilidade e rapidez de pensamento, além de perfeição nas conclusões. Mas tudo isso não foi capaz de evitar um susto daqueles. Em 1968, foi convocado pela primeira vez para a seleção, mas o Santos estava com a agenda cheia de amistosos europeus e pediu a dispensa da jovem promessa. Não reclamou, mas ficou se remoendo com medo de ter perdido a grande chance de sua vida. Pura ilusão e insegurança. Foi chamado outras inúmeras vezes.

A estreia na seleção aconteceu para 105 mil pessoas, no Maracanã, contra a Inglaterra. Vitória de virada por 2 a 1. No meio, Clodoaldo e Gérson. Na frente, Jairzinho, Tostão, Pelé e Edu. Mas até 1970, ficou no banco de Piazza, mais experiente e o preferido de João Saldanha. Ganhou a titularidade quando Zagallo assumiu, e terminou tricampeão do mundo no México. Defendeu o escrete nacional 51 vezes. Pelo Santos, jogou 510 partidas, mas podia ter sido muito mais, pois com 26 anos começou a enfrentar problemas nos joelhos.

"Dos 26 aos 29, meus dois joelhos passaram a limitar minha área de atuação. Uma pena, tive que parar cedo."

Apaixonado pelo Santos até hoje, Clodoaldo lembra com carinho porque é considerado uma espécie de revolucionário na posição.

– Quando eu comecei a minha carreira, o volante tinha uma função mais limitada, tinha uma atuação dentro de campo muito restrita. Antes de substituir o Zito, na minha transição do amador para o profissional, eu já percebia que estava jogando de forma diferente.

A forma diferente de Clodoaldo era exatamente o movimento que fazia, da lateral direita para a esquerda, assim como um volante de automóvel, para lá e para cá. Corró gostava de estar nos dois lados do campo. Fazia uma excelente cobertura e roubava bolas preciosas para os contra-ataques santistas. Não dava carrinho, marcava por zona e antecipava de tal forma a jogada que foi capaz de anular craques contemporâneos como Ademir da Guia, Rivellino, Jairzinho e Dirceu Lopes. "Eu era um volante que ficava mais preso. Aguerrido, combativo, porém mais defensivo", analisa.

Imagine se não fosse.

Em 1972, contra o Guarani na Vila, avançou até a área do Bugre, acertou um chute na trave que rebateu na cabeça do goleiro Tobias e abriu o placar. Nesta mesma temporada, no Morumbi, ajudou o Santos a golear o Corinthians, também abrindo o marcador numa tabelinha com Pelé que só terminou no fundo das redes.

A tristeza em 1974

Mas todo conto de fadas tem seu episódio triste. O menino pobre sergipano, que apesar de todas as dificuldades conseguiu vencer na vida, casar, construir uma família, criar duas filhas, ir a uma Copa do Mundo, ser pentacampeão paulista com o Santos e gozar de uma reputação internacional invejável, chorou em 1974.

Chorou faltando 19 dias para a Copa da Alemanha.

Um episódio que até hoje revolta Rivellino e Gérson.

Riva era o camisa 10 da seleção e já tinha se tornado naquela época um dos melhores amigos e parceiros de Clodoaldo. Um confiava no outro, estavam sempre próximos, adoravam um carteado e uma sinuca bem jogada. Quando soube que Corró tinha sofrido uma distensão muscular antes da apresentação do grupo convocado para o Mundial, Rivellino ligou para o amigo e pediu-lhe cautela. Achava que Clodoaldo não devia forçar a barra, afinal já era um jogador consagrado e o treinador Zagallo e o médico Lídio Toledo poderiam muito bem esperar a sua recuperação. Os joelhos, que abreviariam a carreira dele alguns anos depois, ainda estavam funcionando muito bem e, pela juventude (só tinha 24 anos), rapidamente entraria em forma novamente.

CLODOALDO

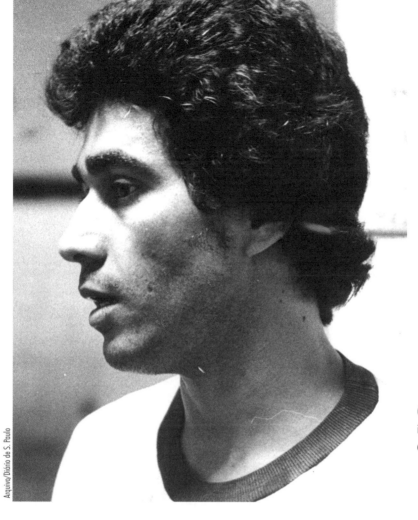

Órfão aos 6 anos de idade, fez do Santos a sua família.

Só que no dia 26 de maio de 1974, a pouco mais de duas semanas da Copa, já na Europa, a seleção fez um amistoso contra a seleção da Basileia, na Suíça. Obviamente um jogo que não valia nada. Gérson, então comentarista, avaliou que seria uma bobagem Clodoaldo se expor. Rivellino também insistiu para que ele não entrasse em campo. "Mas eu achei melhor jogar, para testar logo aquela lesão. Talvez eu tivesse a certeza que não sentiria nada e além do mais, se eu não faço, iam achar que estávamos escondendo a contusão", defende-se Clodoaldo.

Foi para o jogo.

O primeiro tempo transcorria normalmente, o Brasil já tinha feito uma penca de gols no inexpressivo adversário, quando Clodoaldo chega perto de Rivellino e solta a palavra maldita: "Senti". E, até hoje, sobre aquela partida, poucos lembram do placar, 5 a 2, e muitos lembram que foi ela a tirar Corró da Copa. Foi substituído em campo, cortado da Copa e só voltaria à seleção dois anos depois, pela última vez, num amistoso contra o Flamengo, no Maracanã. Nunca mais vestiu a amarelinha.

– Eu gosto de falar das coisas boas. Evito lembrar deste episódio. O fato de eu ser cortado me entristeceu muito. Tinha 24 anos, apontado como um dos principais jogadores do grupo. Ficar fora da Copa me causou a maior tristeza. Não tenho mágoa de ninguém. Mas é fato que eu continuei o tratamento e dez dias depois, no Brasil, já estava treinando com bola – conta Clodoaldo.

Será que o tetra teria vindo se Clodoaldo estivesse em campo?

Será que a derrota para a Holanda por 2 a 0, na semifinal em Dortmund, teria sido evitada?

Se ao contrário de um meio de campo altamente criativo, mas pouco marcador, com Carpegiani, Paulo César Caju, Rivellino e Dirceu, o Brasil contasse com o poder de desarme de Clodoaldo?

O Brasil teria contido as investidas de Cruyff, Rep, Neeskens e Rensenbrink naquele segundo tempo de baile holandês?

"É fato que o Brasil jogou bem o primeiro tempo, mas também não dá para negar que a Holanda era um time melhor que o nosso naquela Copa", pondera o jornalista José Emílio Aguiar, profundo pesquisador de dois Mundiais em particular, o de 1974 e o de 1978, na Argentina.

Clodoaldo fica um pouco em cima do muro:

– Eu conhecia muito o estilo de jogo deles, o jeito que a Holanda jogava, eu teria que ficar ainda mais de líbero na frente da zaga, e até sobrando entre os dois zagueiros Luís Pereira e Marinho Peres. Seria uma Copa fantástica para mim. A maior da minha carreira.

Dino também foi ídolo

A incrível paixão que Clodoaldo nutre pelo Santos pode enganar alguns pesquisadores. Várias biografias e artigos sobre o jogador apontam Zito como o grande mestre e tutor do craque. Ele não nega. Mas outro jogador, também em fim de carreira, fez a cabeça do menino de Aracaju. Dino Sani. O craque do capítulo 3 deste livro.

Clodoaldo enfrentou Dino, em 1967, depois que este voltou para o Corinthians após as brilhantes temporadas argentina e italiana. "Era fantástico. O considero tanto quanto o Zito. Foi um gigante como ele." Daí é fácil perceber que a alma esportiva de Clodoaldo era um cruzamento genético da raça, determinação e poder de marcação de Zito, com a elegância, técnica e visão de jogo de Dino. Além de Dino, Clodoaldo presta homenagem e confessa inspiração em outros craques, então contemporâneos: Carbone e Piazza.

Corró desenvolveu seu senso de marcação observando os adversários que precisava marcar. Com Rivellino, aprendeu a finalizar, driblar e lançar. "Esse aí eu comparo tranquilamente ao Maradona. E digo isso com muito respeito ao craque argentino", ressalva. No fim dos anos 1960, com o incremento das competições nacionais, o repertório escolar de Clodoaldo foi só crescendo. Contra o Cruzeiro, marcava e colhia o talento de Dirceu Lopes. Nos jogos enfrentando o Botafogo do Rio de Janeiro, ia atrás de Jairzinho. Além, é claro, do confronto doméstico com Ademir da Guia, de quem procurou herdar, de uma forma torta, a paciência, a calma e a visão de jogo. "A minha missão sempre foi marcar o principal jogador adversário."

E como corria Clodoaldo.

No inesquecível jogo contra a Inglaterra, na Copa do México, vencido por 1 a 0 pelo Brasil, Corró perdeu quase 5 kg. E aos 40 minutos da etapa final, para prender a bola e segurar o resultado, se mandou pelo lado esquerdo do campo, até quase a área inglesa, deixando atônitos os próprios companheiros, todos já com a língua para fora. "Nem sei onde busquei força."

Foi o companheiro ideal de muita gente boa que passou pelo meio do Santos depois de Pelé. Clodoaldo e Lima. Clodoaldo e Buglê. Clodoaldo e Negreiros.

Gols inesquecíveis

Suas contas pessoais registram apenas 14 gols com a camisa santista. E na seleção, apenas 3 em 51 jogos.

Claro que o do jogo contra o Uruguai foi o mais marcante, não só para ele.

Mas dois golzinhos estão num lugar muito especial do coração do craque.

– Um foi o que eu fiz contra o Peñarol, no Maracanã, numa vitória que levou o Santos até a final da Recopa. Chovia bastante e eu acertei uma bomba da entrada da área, coisa rara porque meu chute não era forte, e a bola entrou na gaveta, no ângulo contrário do goleiro – diz, lamentando que ninguém mais mostra o golaço nos programas televisivos.

E o outro foi pela seleção brasileira dirigida por João Saldanha.

Num amistoso besta em julho de 1969. Tão besta que terminou 8 a 2 para o Brasil, com três gols de Toninho Guerreiro. Clodoaldo fez o segundo da goleada. Nem havia muita gente no estádio: apenas 19.315 pagantes.

Mas por que foi um gol tão especial?

Porque do outro lado do campo estava a seleção de Sergipe. E o jogo foi em Aracaju, a mesma Aracaju que ele deixou de pau de arara, em busca da sobrevivência em São Paulo. Um gol histórico.

Apenas para o pequeno Corró.

CLODOALDO
26/9/1949

TÍTULOS	Santos	Campeonato Paulista 1967, 1968, 1969, 1973 e 1978
		Campeonato Brasileiro 1968
		Campeonato da Recopa Sul-Americana 1968
		Campeonato da Recopa Mundial 1968
	Seleção brasileira (51 jogos e 3 gols)	Copa do Mundo 1970
		Copa Roca 1971
		Taça Sesquicentenário da Independência 1972

ENTREVISTA
RIVELLINO

"Do meio para trás, Corró era imbatível."

Roberto Rivellino, ídolo no Fluminense, ídolo no Corinthians, tricampeão mundial com a seleção em 1970, no México, cansou de carregar Clodoaldo Tavares Santana nas costas.

Quem mandou perder na sinuca?

Pois corria o ano de 1969 e as feras do Saldanha estavam concentradas no Rio de Janeiro visando às Eliminatórias da Copa. Na época, uma quieta casa no alto de um morro em São Conrado. Mas a mesa de sinuca era abaixo, ladeira abaixo. E Rivellino, Clodoaldo e Edu adoravam passar o tempo jogando inesquecíveis e antológicas partidas de *snooker*. "Mas até na sinuca ele era retranqueiro e ganhava todas", reclama Riva. Conclusão. A aposta era cruel. Quem perdesse carregava o outro nas costas até os quartos da concentração.

Rivellino jogou muito contra Clodoaldo. E perdeu muito também. Corinthians contra Santos no final dos anos 1960 era quase sempre coluna 2. A Patada Atômica tinha enorme dificuldade em sair da marcação de Corró. "Ele não grudava como o Zito, por exemplo, nem batia como Chicão. Conseguia antecipar meu drible ou então dava um lado e me enganava, tomando-me a bola", relembra o Reizinho do Parque São Jorge.

Em razão do longo convívio na seleção brasileira, desenvolveram uma amizade unha e carne. Que perdura até hoje. Por Clodoaldo, Rivellino já chutou porta e xingou Zagallo e Lídio Toledo, em 1974, por causa do corte do amigo às vésperas do Mundial da Alemanha.

Sentado em seu escritório, no bairro do Brooklin, em São Paulo, deleitando-se com o canto dos passarinhos que cria, Rivellino e seu bigode falaram do amigo, contaram suas qualidades e defeitos como jogador e concordaram que Corró foi um dos melhores volantes que já viram jogar. Aliás, Rivellino só chama Clodoaldo de Corró.

Como era enfrentar o Clodoaldo?
Era difícil. Antigamente você tinha jogador inteligente… A gente se conhecia, mas mesmo assim improvisava para tentar surpreender o teu marcador. Só que Corró tinha uma capacidade de marcação impressionante. Ele ameaçava dar o lado, mas eu sabia que ele queria que eu fosse. Tinha muito senso de marcação. É complicado enfrentar um jogador com esta qualidade. Não fazia uma falta em você. Tipo o Piazza.

E jogar com Clodoaldo?
Maravilhoso. Ele te dava uma segurança absurda. Vivia me dizendo: "Até ali você vem, mas aqui atrás deixa comigo, porque aqui você só vai me atrapalhar". E tinha razão. Eu não sabia marcar! Antigamente, o meio de campo era um volante e dois meias de criação. E o Clodoaldo não queria saber de meia marcando, dava conta do recado e rolava a bola redonda para a gente. Hoje, o volante dá esporro para o meia voltar e marcar.

Compare Clodoaldo e Dudu, já que você jogou contra os dois.
O Clodoaldo não era carrapato como o Dudu. E não passava para o campo ofensivo. Tanto é que fez poucos gols na carreira. O Dudu era mais chato. Ele segurava muito a gente. E me dizia em campo: "Eu te seguro, mas não dou pontapé", e eu pedia para ele me dar pontapé porque detestava aquele agarra-agarra. Já o Clodoaldo marcava por zona, sabia dar o bote certo e não segurava ninguém. Dudu ficava colado em ti. E falava que era uma barbaridade. Até hoje é rouco de tanto falar. Parece até um pato. Mas se jogasse hoje, teria dificuldades, porque juiz não deixa mais ninguém segurar. Com dez minutos, eu tiraria ele de campo!

Amigos para sempre, Rivellino e Clodoaldo divertem-se numa folga da seleção.

Por que tanta afinidade com ele?
Posso dizer que Corró é meu irmão. Ele, Gérson, quase todo mundo daquele time de 1970. E não era esta bobagem de união não. União porra nenhuma! Fontana e Leão tinham temperamentos f.d.p.. Brito até hoje é meu parceiro e também é passarinheiro. Jair, Caju, toda hora estão aqui comigo. Edu, Piazza, quando encontro é uma felicidade. E não preciso encontrar todo dia. Se amanhã tivessem um baralho, sei que Clodoaldo, Roberto Miranda, Gérson viriam na hora.

Clodoaldo era de gritar em campo, assim como seu antecessor no Santos, o Zito?
Falava, mas pouco, não era que nem um Gérson, um Carlos Alberto, eu mesmo. O Zito, contam, que até bronca no Pelé dava. Só que naquele setor, do meio para trás até a entrada da grande área, Corró entendia mais que todo mundo. E é um setor que hoje eu ainda considero o coração do time. Pois lá a bola tem que rodar, realmente ser carimbada pelo volante. Hoje ninguém carimba mais nada. Infelizmente não tem gente com a qualidade de um Clodoaldo, um Zé Mário, um Pintinho ou Zé Carlos. Hoje este coração bate muito pouco. Antes, era um volante de marcação e eles davam conta do recado. Hoje tem três e não marcam um c.. Por isso acho uma baboseira dizer que se jogar com quatro volantes não vai ser defensivo. Como não? Nenhum dos quatro tem qualidade.

Mas Clodoaldo sabia jogar na frente?
Do meio para trás, Clodoaldo era imbatível. Eu te confesso, se eu for analisar, não lembro das vezes que ele chegava. Só uma vez, contra o Uruguai, na Copa. Isso era consciência tática dele. Apesar de ter qualidade, sabia que aquele era o pedaço dele, o canto dele. Se tinha um só que marcava, era melhor ficar. Tudo bem, dar uma escapada às vezes, mas havia uma consciência de que os caras da frente eram melhores. Diferente de Cerezo, Falcão, Pintinho, que já eram volantes de características diferentes. Havia um respeito pelo potencial do companheiro.

Ele fez falta em 1974?

Carpegiani fez um p. mundial. Tinha melhor passe, afinal era um meia de origem… mas, *pôooooo*, fez falta fez. Se Corró tivesse em campo, Zagallo podia usar o Paulo mais na frente, usar outras variações, um ponta falso no lugar do Valdomiro, eu poderia ir mais na frente. Corró era muito importante em campo, saber que ele estava lá tirava tua preocupação. Quem sabe contra a Holanda ele não teria nos ajudado a segurar os holandeses? Era mais uma opção. Um jogador desses faz falta em qualquer seleção, em qualquer momento. Foi um dos grandes volantes que eu vi na minha vida.

Agora, a velha pergunta, que permeia boa parte deste livro. Hoje ele jogaria?

O quê? Pelo que você vê jogando por aí. Não é para ser chato, lá vem o Rivellino comparar… mas, vai me desculpar, aqui entre nós, o Pierre machuca e a imprensa diz que o time do Palmeiras acabou? Um corredor que não passa uma bola de 10 metros? Agora, perde um Cleiton Xavier, um Diego Souza… tudo bem.

Clodoaldo era bom em fazer lançamentos longos?

Não. Jogava curto. Mas não errava passe. Igual ao Piazza. Curto. Mas sem errar. Roubava e jogava. Roubava e jogava.

E o homem Clodoaldo?

Nunca tive um problema com ele. Íntegro, uma p. pessoa, até hoje, uma pessoa maravilhosa. Caráter, lealdade, um parceirão.

E o famoso jogo Brasil x Uruguai, em 1970. Vocês venceram por 3 a 1, mas começaram perdendo e se não fosse o Clodoaldo empatar no finzinho do primeiro tempo…

Foi um jogo muito, mas muito difícil. Depois daquela seleção, o Uruguai nunca mais fez um time como aquele, e olha que estavam sem o Pedro Rocha. Era uma equipe muito forte, muito boa, Corró atacou na hora certa. E o Tostão meteu uma bola para ele que só o Tostão seria capaz de meter. O Gérson, marcado, tinha dito ao

Corró para ir um pouco, porque ele ficaria. Ainda bem que deu certo.

O último gol daquela seleção inesquecível na Copa teve também a participação de Clodoaldo...
Pois é, sei lá o que deu nele! Nunca vi Corró fazer aquilo. Pegou a bola e driblou quatro italianos. Quer dizer, ele deixou a bola parada e ficou gingando. Parecia o Garrincha! Resolveu encarnar o Garrincha lá atrás e numa final de Copa. Depois tocou para mim. Dei para o Jair, que mandou para o Pelé. O negão lançou o Carlos e ele fez aquele golaço. Parece saudosismo, mas p.q.p. nunca vi um time jogar tão bem. A maior jogada da Copa do Mundo! Não sei quantos toques que nós demos... e eles nem tocavam na bola.

Pena que Corró parou muito cedo de jogar futebol, não?
Foi por causa do joelho. Mas o desgraçado continua fominha. De vez em quando a gente se encontra no Guarujá e ele joga. Fica me chamando, eu não tenho mais paciência nem condição. Acho que se a tecnologia da medicina de hoje fosse possível na nossa época, ele não teria parado tão cedo. E ainda teria jogado muito. Assim como o Reinaldo, que tirou os quatro meniscos. Até Ronaldo, no nosso tempo, já tinha parado de jogar.

E a famosa sinuca que fazia você carregá-lo nas costas, literalmente?
Ah, essa história é boa. Nossa amizade começou em 1969, nas Eliminatórias, quando eu era o reserva de ouro do Saldanha. Grande m. ser reserva de ouro. Eu queria era jogar. E até na sinuca o Corró era retranqueiro. Se tinha uma bola para matar, ele não ia, esperava a gente errar... Era para matar, ele não ia! A gente brincava no hotel da concentração – eu, ele, Edu, Dirceu Lopes – e quem perdia carregava o outro nas costas. E eu sempre carregava Clodoaldo nas costas. Até nisso ele me castigava!

Conte direitinho a história do corte dele em 1974. Isso parece que lhe deixa irritado até hoje.

Porque foi uma sacanagem! E sei que ele sofreu muito, porque sempre foi muito emotivo. Já era um jogador consagrado que não precisava ser testado. Uma cara que sempre se transformou jogando pela seleção e pelo Santos. Aliás, nunca vi alguém gostar tanto do clube. Já até infartou pelo Santos. Eu, hein! Eu dou bronca, digo para ele não esquentar a cabeça com futebol. Pior que ele gosta. Gosta de longe, pô!

Mas e a história de 1974?

Pois é, vamos a ela. Não sei se ele chorou, mas eu chorei muito. E de raiva. Uma semana antes da Copa e fizemos um amistoso de preparação. Corró vinha de contusão. Não precisava jogar. Ora, podia esperar dois ou três jogos para estrear na Alemanha. Mas o Zagallo e o Lídio escalaram ele. No meio do primeiro tempo, ele me olha e diz "senti". Não havia necessidade dele estar em campo. Metemos cinco, seis gols. Ele tinha uma lesão e certamente se recuperaria. Uma pena. Ele sabia o que representava, o que representou, uma pena. Entrei no vestiário chutando porta e xingando todo mundo. Zagallo até disse que eu não voltaria. Eu falei que voltava e pronto! Mas já passou. Olha, nunca tive a felicidade de jogar com ele num clube, já pensou eu jogando com um homem desses num clube?

CAPÍTULO 8

TONINHO CEREZO

Meias arriadas,
desengonçado, apelidado
de Pluto na Itália,
é considerado pelos colegas
um monstro sagrado
e um revolucionário
na posição.

Até este capítulo, o livro especializou-se em definir os melhores volantes do futebol brasileiro como criaturas fora de série, quase extraterrestres, e que tinham na elegância, firmeza e classe seus mais distintos atributos. Este capítulo, de número 8, como a camisa que carregou na maior parte dos times que defendeu, celebra a trajetória do homem que jamais poderá ser conhecido como um volante clássico, daqueles perfeitos para uma charge de jornal.

Nosso personagem agora pecou pelo estilo. Nunca foi bonito vê-lo jogando. Antônio Carlos Cerezo, o Toninho Cerezo. O Toninho Pescador para os amigos e para os colegas de pesca. O ídolo eterno do Atlético Mineiro e da Sampdoria. A marionete incansável. Respeitável público, nós temos o prazer de trazer até o palco o ex-palhaço Molezinha, também conhecido como o craque mais desengonçado de todos os tempos. Segundo ele mesmo…

"Apesar de ter parado em 1997, ou seja, não tem muito tempo, quando eu pego alguns vídeos para me ver jogando, caio na gargalhada. Como eu corria engraçado, sô!", assume o mineiro de Belo Horizonte, que chegou ao Galo aos 10 anos de idade e só foi parar de jogar aos 42.

– Eu admirava os volantes tradicionais, gostava de ver o Piazza jogando, o Zé Carlos, o Vanderlei, do Atlético, com aquela postura bonita em campo. Só que eu era desconjuntado, parecia que não tinha osso, um Pernalonga mesmo – gargalha Cerezo, que desde pequeno era fã dos programas de televisão que mostravam jogadas e gols de outrora.

Mas, com o tempo, o tal desengonçado foi mostrando que poderia fazer tudo que os volantes tradicionais faziam. E mais um pouco. Quando chegou ao time de cima do Atlético, em 1972, ganhou de presente uma temporada de amadurecimento no Nacional de Manaus, sob a batuta do ex-treinador atleticano Barbatana. Aprendeu, cresceu e quando voltou para Minas, encantou o treinador Telê Santana. Além de bom marcador, o moleque magrela que não cansava nunca tinha um passe perfeito de longa distância, a noção exata do campo, e ainda conseguia fazer um vaivém impressionante sem deixar buracos na defesa. "Parecia que tinha quatro pernas e cinco braços", brinca o jornalista Milton Neves.

Infância sofrida e de luta

Filho de artistas circenses, Cerezo perdeu o pai, o palhaço Moleza, quando ainda era muito jovem. Para sobreviver, acompanhou a mãe em apresentações no interior e passou a dar muito valor às conquistas em cima das dificuldades da vida. A primeira vez que conseguiu levar dinheiro para casa, pensou consigo, "o futebol vai ser o meu cavalo selado". E foi montado nessa expressão que não deixou escapulir nenhuma oportunidade na vida. Sorte que amava a bola. Queria tanto ficar perto dela que desde as primeiras peladinhas na zona norte de Belo Horizonte, escolheu o meio de campo para atuar. "No meio, a possibilidade de tocar na bola é muito grande. Meu negócio era ficar perto dela, centralizando as jogadas."

Foi esta atração atávica pela centralização das jogadas que fez Cerezo ter a capacidade de dar uma dinâmica impressionante aos times em que atuava. Em poucas passadas, já estava no ataque e, de preferência, lançando os pontas e se apresentando já dentro da área para finalizar. Possuía ótimo toque de bola, tinha visão de jogo e batia para o gol tanto com a perna esquerda como com a direita. Era um volante ímpar, que vivia fazendo gols de cabeça ou em rebotes dentro da pequena área.

Mas nem todo mundo entendia este jeito particular de Cerezo jogar bola. "Sempre achei ele um peladeiro, não foi esta grande coisa que falam, dava umas estilingadas que ninguém entendia", opina Zito, o gerente do vitorioso Santos dos anos 1960. Não é a primeira, nem segunda, nem a última vez que Cerezo ouviu esta definição pejorativa. Peladeiro. Em vez da revolta, mostra orgulho.

Peladeiro com muito orgulho

– Uai, eu vim da pelada mesmo! Por que iria me irritar? Jogava na rua, em lote vazio, várzea. Eu não era burguês para jogar bola em clube e campos bonitos. E para me divertir, a bola não precisava ser oficial ou de couro, podia ser de meia, cheia de jornal, de plástico, borracha, valia tudo.

Foram anos dourados no Atlético-MG até 1983. Ao lado de grandes atletas como Ângelo, Ortiz, Reinaldo, João Leite, Éder, Paulo Isidoro, Getúlio, Alves e outros. Conquistou seis campeonatos mineiros e foi vice-campeão brasileiro duas vezes, uma contra o São Paulo e outra contra o grande Flamengo de Zico. Portando o inseparável bigodinho, aquele boneco mole vestindo meias arriadas foi chamando a atenção do Brasil por onde passava, por onde jogava. O bigodinho até podia ser estilo. Mas as meias, não.

– No meu tempo, aqui no Brasil, não havia a obrigação de jogar com caneleira e os meiões daquela época tinham um elástico que me apertava a perna demais. Aí eu pegava a tesoura e cortava ele. A meia ia descendo, descendo… e eu me sentia bem desta forma – relembra, o orgulhoso peladeiro.

Depois da vitória, sentir-se bem em campo era o segundo objetivo de Toninho Cerezo. Era alvo de piadas dos companheiros porque adorava usar chuteiras remendadas, esfarrapadas, com quatro anos de uso. Alegava que, assim, ganhava sensibilidade nos pés e precisão nos passes e chutes. Já famoso, conseguiu que uma fábrica produzisse um lote de chuteiras de pano, para sentir-se mais leve em campo. E na Europa, rapidamente se adaptou a uma linha especial de chuteiras de couro, sem costura. Mas se pudesse e fosse permitido, jogaria descalço.

Ídolo atleticano

O sucesso no Galo o levou rapidinho para a seleção brasileira, onde estreou em 1977, pelas mãos de Osvaldo Brandão, num amistoso contra uma seleção paulista, no Morumbi. O Brasil ganhou de 2 a 0 com um meio de campo formado por Givanildo, Caçapava, Cerezo e Falcão. Agradou. E mesmo com a polêmica troca de treinadores (Brandão por Coutinho, acontecida por uma pretensa briga entre Rio e São Paulo), continuou sendo convocado até a Copa do Mundo de 1978, na Argentina, onde protagonizou a primeira polêmica a bordo da camisa amarelinha.

Cerezo jogou todas as partidas da primeira fase, contra Suécia, Espanha e Áustria. Na segunda fase, participou também da vitória por 3 a 0 sobre o Peru. Faltava a Argentina. Jogo dificílimo, em Rosário. E, para surpresa de todos que cobriam a seleção, Cerezo não é escalado. Segundo a comissão técnica, o jogador do Atlético-MG sentira uma lesão no músculo adutor da perna. Nem no banco ficou. Chicão foi o escolhido para entrar em seu lugar. O Brasil empatou, a Argentina goleou o Peru no jogo seguinte e a seleção ficou sem chances de ir à final. Três dias depois, Cerezo estava novamente em campo, na vitória de 3 a 1 contra a Polônia que levou o time à disputa do terceiro lugar com a Itália. Três décadas depois, em 2009, Gil, ponta-direita titular daquele time, disse numa entrevista ao canal *SporTV* que o mineiro simulou a lesão, pois, na verdade, amarelou, ficou com medo de enfrentar os argentinos por causa da enorme pressão e do clima de guerra criado para a partida.

"O Cabeção está maluco. Cerezo jamais faria isso", defende Júnior, sem medo de se indispor com Gil.

"O que eu mais gostava de Cerezo é que ele ia para a batalha sempre conosco. Nunca fugiu do pau. Sempre confiei nele", garante Falcão.

O episódio da contundente crítica de Gil magoou seu protagonista. Ter que falar sobre isso deixa Toninho Cerezo triste. Nem teve vontade de responder. Mas soltou uma nota oficial se defendendo com argumentos e números. Voltou a falar do assunto 31 anos depois, e sem medo de dividir, também foi na canela de Gil:

– Ele foi muito mal nessa. O que falou não tem o menor cabimento. Nenhum fundo de verdade. Eu não estava 100% fisicamente para aquele jogo específico. E tem mais, se eu fosse dizer como o Gil se comportou mal naquela Copa, desde o primeiro dia na concentração... mas isso eu prefiro falar cara a cara com ele, de preferência num programa de televisão.

A Copa de 1978 acabou, a Argentina foi campeã, a Holanda vice, o Brasil terceiro em cima da Itália, graças ao famoso gol de Nelinho, que chutou uma bola venenosa e cheia de efeito para cima de Zoff, e Toninho seguiu carreira no Atlético. Ganhou duas vezes a Bola de Ouro e três vezes a de Prata da revista *Placar* por suas atuações nos estaduais e nos campeonatos brasileiros na década de 1970.

O exagero das críticas na Copa de 1982

Em 1982, na Espanha, lá estava ele novamente em uma Copa. Participando de um dos maiores meios de campo que o mundo já viu. Falcão, Cerezo, Sócrates e Zico. Quatro craques, quatro estilos que se complementavam. Juntos, fizeram triangulações inesquecíveis, ensinando que era possível tocar de primeira sem errar o passe. Um time mágico, encantador, que passo a passo se encaminhava para a grande final, contra quem quer que fosse. Primeiro 2 a 1 na União Soviética, depois duas goleadas, 4 a 1 na Escócia e 4 a 0 na Nova Zelândia. Na segunda fase, 3 a 1 na Argentina, já com Maradona. E chega a hora do jogão contra a Itália de Gentile, Scirea, Cabrini, Antognoni e Paolo Rossi.

Ah, Paolo Rossi.

E a vantagem do empate era verde amarela.

Mas o destino quis que, mais uma vez, Toninho Cerezo fosse o pivô de uma partida da seleção com final infeliz e, desta vez, com direito a crucificação exagerada de apenas um jogador do time.

E o drama começou cedinho, sob o sol da Catalunha. Primeiro, Cabrini recebe no lado esquerdo do ataque carcamano, aos 5 minutos do primeiro tempo; Leandro recua, recua, e o lateral italiano cruza; Waldir Peres não sai, Oscar e Luisinho não cortam e Paolo Rossi faz de cabeça o primeiro da Itália no Estádio Sarriá, em Barcelona.

A reação brasileira vem em pouco tempo. Sete minutos depois, tabela mágica de Sócrates e Zico deixa o Doutor na cara do gol. O chute é seco e histórico, quicando na marca da cal, levantando poeira e empatando o jogo. A esperança renascia em toda a nação, grudada na televisão e aflita com a narração emocionante de Luciano do Valle.

Aproximava-se o lance que marcou Cerezo por toda a vida de jogador.

O maldito passe errado

Eram 25 minutos ainda do primeiro tempo. Leandro sai jogando pela direita e passa para Toninho Cerezo, no meio da intermediária brasileira, ele inverte o jogo procurando Falcão, mas a bola caprichosamente se dirige para uma zona morta, neutra, maldita, entre Falcão, Júnior e Luisinho. Nenhum dos três decide pegá-la. Melhor para Paolo Rossi, que se antecipa, furta a redonda e sai em disparada na direção do gol brasileiro. Ainda de fora da área chuta forte. Waldir Peres não está perfeitamente colocado, mas se esforça e ainda toca na bola. Em vão. O placar passa a marcar 2 a 1 para a Itália.

O passe errado de Cerezo começa a consolidar-se como o grande culpado pela eliminação precoce de uma seleção maravilhosa, que resgatava o frisson causado pelos tricampeões de 1970.

"Ao contrário do que pensam, Cerezo não se escondeu do jogo, não ficou abalado, remoendo o erro. Pelo contrário, continuou igual a um leão correndo atrás do resultado", relembra Júnior.

Começa o segundo tempo e realmente Toninho Cerezo está em todos os lugares. Defende, ataca, faz ultrapassagens. A grande jogada, uma das mais bonitas da história de todas as Copas, acontecerá aos 23 minutos, e com a participação fundamental do camisa 8 brasileiro. Leandro lança Júnior na lateral-esquerda. Ele mata com a elegância característica, dribla um e rasga na diagonal em direção a grande área do inimigo. De trivela, faz o passe. Falcão recebe na meia-lua, marcado por três jogadores italianos. Como uma flecha, Cerezo sai do meio de campo, passa por trás do Rei de Roma e invade a área pelo lado direito, enganando todos os marcadores adversários, que ameaçam, num balé equivocado, segui-lo para interceptar o hipotético passe. Só que Falcão entende a artimanha tática do companheiro, corta para o lado oposto e enche a canhota, para desespero do goleirão Dino Zoff e euforia tresloucada de um país inteiro.

– Quando eu corto o Bruno Conti para dentro e meto a bola no Falcão, o Bergomi e o Cabrini e o Scirea vão atrás do Cerezo, abrindo o caminho para o Paulo. O Toninho adorava o *overlaping* do Coutinho. Achava que era um negócio de basquete – reconta Júnior, com brilho nos olhos e saudade no coração.

Era o empate. Era o passaporte para a próxima fase.

Quase.

Havia uma pedra Rossi no meio do caminho.

Bola na área do Brasil, Cerezo atrasa com a cabeça para Waldir Peres, que não evita, porém, o escanteio. Cabrini cobra, a bola sassarica, a defesa sai, mas Júnior fica e dá condições para Paolo Rossi fazer o terceiro.

Minutos depois os italianos fazem o quarto gol, com Antognoni, mas o juiz Abraham Klein, de Israel, anula erroneamente. No finzinho do jogo, uma cabeçada letal de Oscar encontra as mãos milagrosas do goleiro italiano. Os jogadores do Brasil saem do campo e da Copa chorando, provocando a precipitação de milhões de litros de lágrimas mundo afora.

A culpa foi só de Cerezo?

Vaias e mais vaias no retorno ao Brasil

Dois meses depois, ele estava em campo novamente, desta vez com a tão marcante camisa 8 do Galo, na época em que o número era vermelho. O jogo era em Campinas, contra a Ponte Preta, e Toninho Cerezo levou uma vaia monstruosa quando entrou em campo no decorrer da partida. Fez o gol da vitória do Galo, mas não esqueceu jamais a vaia. O tempo, porém, foi apagando as marcas da mágoa. E aquele fantasma de Sarriá foi exorcizado.

– Finalmente posso dizer que hoje as críticas não me afetam mais. Fiquei com uma cara de defunto durante muito tempo, mas consegui me convencer que dei milhões de passes, saí jogando milhões de vezes, e aquilo simplesmente fez parte da minha vida. Nós perdemos.

Mas não foi fácil superar o trauma.

– Foi um momento muito difícil. Qualquer pessoa sentiria a angústia que eu senti. Na realidade, fiquei muito sozinho nisso tudo. Tropeços fazem parte da vida de qualquer pessoa. Mas minha carreira é muito maior do que isso – e ponto final.

A vida e o sucesso no futebol europeu ajudaram muito a reconstruir a fama de vencedor de Toninho Cerezo. A vitoriosa daquele confronto, a Itália, soube ver que o lance era apenas um grão de areia no meio de tanto talento sobre dois caniços. Ele ficou de 1983 a 1987 na Roma, onde ganhou a Copa da Itália duas vezes. Ganhou também o apelido de Pluto, pelo jeito estabanado e falsamente desequilibrado de correr. Da capital, pegou um avião para o mar, trocando Roma por Gênova, onde até hoje é herói para a torcida da Sampdoria. Além de conquistar mais duas Copas da Itália, levou o time a superar potências tradicionais como Juventus, Internazionale e Milan, e conquistar em 1990-91 o único título de campeão na história do clube, fundado em 1946, em pleno neorealismo italiano. A vitória decisiva aconteceu em casa, sobre o Lecce, por 3 a 0. E quem fez o primeiro, de fora da área? Ele, Toninho Cerezo. Mannini e Vialli fizeram os outros.

E a humildade mineira vai para o brejo.

– Meu último passe era muito bom. Minha entrada repentina na área também. Mas nunca fui de fazer muito gols, eu sempre fiz os artilheiros. Na Samp, o Vialli, no Galo, o Reinaldo, na Roma, Pruzz, no São Paulo, o Raí, e na minha temporada cruzeirense, em 1994, o Ronaldo Fenômeno – gaba-se, sorrindo.

Isso mesmo, Cerezo jogou tanto e por tanto tempo que foi contemporâneo de Ronaldo, no início da carreira do maior artilheiro de todos os tempos numa Copa do mundo.

Portal de Memória (seção Que fim levou?)/miltonneves.com.br

O estilo desengonçado de Cerezo virou sua marca registrada.

O craque multifuncional

Multifuncional. Está *aí* um termo corporativo que se encaixa perfeitamente no jeito moderno de Cerezo jogar futebol. Os treinamentos o ajudaram muito: sempre foi disciplinado, profissional e corretíssimo por todos os clubes em que passou. A velocidade e o fôlego são espontâneos, porém ajudou bastante aquele monte de brincadeira de moleque – desde correr pelas ruas até pega-pega e carniça – ser baseado na corrida. E Toninho Cerezo adorava correr. A ponto de achar que, se estivesse começando no futebol agora, daria um excelente lateral, ou melhor, ala, com sua capacidade aeróbica de ir e voltar sem botar os bofes para fora.

A extensa temporada italiana, que durou nove anos, não lhe deu apenas fluência na língua de Sophia Loren. Aprendeu a marcar como poucos. Espremeu até o bagaço a quantidade de treinamentos específicos que teve tanto em Roma quanto em Gênova. Desde homem a homem, à marcação por zona. Não era fácil passar por Cerezo.

Hora de um elogio.

– Com aquele jeito diferente de correr, passadas largas, conseguia conciliar a marcação eficiente com a saída rápida e com qualidade para o ataque. Sua técnica apurada permitiu que em muitos momentos da carreira atuasse mais como meia do que como volante – enaltece o exigente narrador Milton Leite.

– Esguio, ágil, Toninho Cerezo era onipresente. Marcou presença em todo time que jogou. Puxava o contra-ataque com elegância, era um perigo quando se aproximava da área adversária. Era volante porque vinha bem lá de trás, mas parecia mais um meia – completa o jornalista e historiador do futebol, Odir Cunha.

Por isso, até hoje Cerezo colhe os frutos de uma carreira vitoriosa. Nos Emirados Árabes, já como técnico, foi apresentado a um rapaz, com roupa de árabe. O pai, ao lado, o cumprimentou e o informou. "O nome dele é Cerezo, em sua homenagem." Em outra oportunidade, sozinho no aeroporto Charles de Gaulle, em Paris, à espera de uma conexão para Gênova, assistiu à chegada de uma legião de romanos.

Do jeito bem italiano, fizeram uma festa absurda para ele, tirando fotos e agradecendo por tudo que jogou na Roma.

Mas ainda falta contar o último e desagradável episódio de Toninho Cerezo na seleção. Desta vez na Copa de 1986. Convocado por Telê, a quem deve eterna gratidão pelos precoces ensinamentos no começo da carreira e pela confiança em todos os anos juntos na seleção brasileira, Cerezo passou boa parte da preparação recuperando-se de uma lesão novamente no adutor. Quando faltavam 10 dias para o início do Mundial, começou a treinar forte com o preparador físico Gilberto Tim. Já estava fazendo coletivos e teve a garantia de Tim que teria brevemente condições de jogo. Mas só havia duas vagas para quatro candidatos. E que candidatos. Zico, Sócrates, Dirceu e ele. Os dois últimos foram cortados e a alegação para a sua dispensa foi médica. Só que, no início da Copa do México, ele atuou em perfeitas condições físicas pela Roma, na Itália.

Bicampeão mundial de futebol

Graças aos deuses do futebol e à sua própria longevidade, em 1993 pôde comemorar seu segundo título mundial pelo São Paulo, sendo eleito na final contra o Milan o melhor jogador em campo. E tinha tanto fôlego e alma de menino que o segundo gol da vitória por 3 a 2 foi seu, escorando na pequena área o cruzamento perfeito de Leonardo.

Tanto tempo brilhando com a bola nos pés que é difícil até dizer qual time mais representa a alma de Cerezo. O Atlético-MG, que foi a origem de tudo? A Roma, onde iniciou a vida europeia fazendo dupla antológica com Falcão? Sampdoria, por causa do título único e inédito de campeão italiano? Ou o São Paulo com as duas taças de campeão mundial levantadas? Ainda teve tempo e vontade de atuar pelo Paulista de Jundiaí, América-MG, Nacional de Manaus e Cruzeiro.

O coração, porém, pedia um jogo de despedida. E ele aconteceu pelo querido Atlético-MG, no dia 2 de agosto de 1997. O time não era um esquadrão, mas os trinta mil torcedores aplaudiram a entrada de Taffarel, Dedimar, Sandro Blum, Luiz Eduardo e Dedê; Doriva, Bruno, Jorginho e Cerezo; Valdir e Marques. O técnico era Leão. Era a abertura da Copa Centenário de Belo Horizonte e o adversário era digno de uma festa dessas. O Milan de Costacurta, Maldini, Savicevic e George Weah (melhor jogador do mundo em 1995). A partida terminou 2 a 2 e o craque sem ossos transformou-se em treinador.

TONINHO CEREZO
21/4/1955

TÍTULOS	Atlético-MG	Campeonato Mineiro 1976, 1978, 1979, 1980, 1981, 1982
	Roma	Copa da Itália 1984, 1986
	Sampdoria	Copa da Itália 1988, 1989 Supercopa da Europa 1990 Campeonato Italiano 1991
	São Paulo	Campeonato Paulista 1992 Libertadores da América 1992, 1993 Campeonato Mundial 1992, 1993
	Cruzeiro	Campeonato Mineiro 1994
	Seleção brasileira (73 jogos e 5 gols)	Segundo a Fifa, fez o milésimo gol do Brasil na vitória por 2 a 1 sobre a Alemanha, em Stuttgart, dia 19 de maio de 1981

ENTREVISTA
JÚNIOR

"Toninho foi um dos maiores que já vi e revolucionou o jeito de um volante jogar."

Leovegildo Lins da Gama Júnior é o paraibano mais carioca do mundo. Nascido em João Pessoa, mas criado na praia de Copacabana, Júnior seguiu caminhos tortos até chegar ao sucesso. Talentoso e habilidoso, foi parar por acaso na lateral esquerda, mesmo não sendo canhoto. Brilhou no Flamengo de 1974 a 1984, conquistando o Rio, o Brasil e o mundo ao lado de Zico, Adílio, Andrade e Raul.

Em 1978, já estava pronto e maduro para a seleção, mas não foi chamado por Coutinho para a Copa da Argentina. Telê não abriu mão do seu talento e versatilidade e o levou para as frustrantes, mas inesquecíveis, campanhas da seleção brasileira em 1982 e 1986.

Jogou na Itália durante seis anos, defendendo as camisas do Torino e do Pescara. Ao voltar para o Brasil, vestiu novamente a camisa rubro-negra, a pedido do filho, desta vez jogando como volante. Não à toa, foi citado por vários entrevistados para fazer parte deste livro. Mas está em outra obra da coleção: *Os 11 maiores laterais do futebol brasileiro*. Na segunda temporada flamenguista, ganhou o apelido de Maestro e levou o time à conquista do Campeonato Brasileiro de 1992.

Simpático, sorridente e cheio de alegria de viver, Júnior encarna o espírito do jogador que soube ser profissional sem deixar de se divertir. Comandou rodas de samba e até músicas de futebol gravou.

Com Cerezo, passou seus melhores anos na seleção. Foram amigos durante o "exílio" italiano e até hoje conversam por telefone ou e-mail. Sem deixar de lembrar os bons tempos no gramado, Júnior falou de Cerezo também pela perspectiva analítica, já que depois de se aposentar como jogador tornou-se respeitado comentarista esportivo da TV Globo.

Toninho Cerezo é um injustiçado no futebol brasileiro?
As pessoas o colocaram como o culpado da derrota de 1982, porque ele deu um passe errado que resultou no segundo gol da Itália, naquela derrota por 3 a 2 que nos desclassificou. Então, de uma hora para a outra, ele virou o centro, o alvo, por causa de uma jogada infeliz. E todos puseram nas costas dele uma culpa que todos nós daquele time tivemos. Se você se basear nesse jogo, não dá para não dizer que Toninho é monstro sagrado mesmo. Acompanhei a carreira dele não somente na seleção, quando eu nem fora convocado ainda, em 1978, mas vendo-o brilhar no Atlético Mineiro. Apesar de ser um dos mais jovens da seleção de 1978, teve um desempenho acima da média.

E em 1982, o grupo deu alguma bronca nele, depois no vestiário?
Zero. Nada. E tem mais. Nunca comentei com Toninho a respeito daquele lance. Oito anos depois, na minha despedida em Pescara, consegui reunir aqueles dois times do Brasil e da Itália para um amistoso comemorativo. E então, fomos a uma festa, onde estávamos só nós. Até Telê estava lá. De repente, me disseram que Toninho estava num canto, sentado, chorando. Fui lá, preocupado, e perguntei a ele: "O que houve, Boi Babão?", que era um apelido antigo. E ele me disse que estava chorando de alegria, por rever um ambiente como aquele, de poder participar. Não é para menos. A gente compartilhou muita coisa nessa vida. Aí eu joguei ele para cima, mandei a melancolia para longe e o chamei para cantar.

Ele gostava tanto de futebol que demorou a parar de jogar.
A longevidade dele foi impressionante. Olha, você bater o Toninho na parte física era praticamente impossível. Um cara que tinha dotes acima do normal. A parte aeróbica dele e a passada desajeitada, mas extremamente rápida, davam a ele uma vantagem absurda nas corridas de longa distância. Ele estava sempre na frente de todo mundo.

Há quem diga que ele foi um visionário na posição. Você concorda?
Totalmente. Era um jogador moderno em 1978. E ainda com a capacidade de improvisar demais. Exercia múltiplas funções dentro de campo. Originalmente era um cabeça de área, mas desempenhava simultaneamente os papéis de meia, homem de frente e ainda finalizava bem. Veja a quantidade de gols que fez de fora da área, tinha um chute muito bom.

Flamengo e Atlético-MG fizeram jogos memoráveis. Eram dois esquadrões. Havia uma preocupação muito grande quando você ia enfrentar o Cerezo?
Era um desespero enfrentar aqueles mineiros. Toninho tinha um poder de desarme grande e uma transição muito rápida da defesa para o ataque. Quando você menos esperava, ele aparecia como elemento surpresa, e elemento surpresa não tem marcação. A bola caía no lado esquerdo no Éder e quando você levantava a cabeça ele já estava ao lado de Reinaldo e Palhinha, dentro da área, para tentar fazer o gol. Impressionante.

Mas, de longe, parecia um jogador desengonçado. Tanto é que ganhou o apelido de Pluto, na Sampdoria.
Não era desengonçado não. Ele parecia que não tinha osso. Todo mole. Aquele jeito acabou sendo o seu estilo inconfundível. Pernas longas, braços longos, não era um jeito Falcão de jogar, mas tão eficiente quanto. E é difícil de marcar, você não sabe para onde ele vai. Um jeito único.

Cerezo falava muito?
Eu até fico curioso de ver uma preleção dele hoje, como treinador que virou. Ele sempre foi muito inteligente taticamente. Deve ser um ótimo técnico. Falava, orientava e isso facilitava não somente para a gente, como para ele próprio. Tinha a noção exata de onde e como estava dentro de campo. Cansei de vê-lo no intervalo do jogo dando opiniões e sugestões para o grupo.

Como era a imagem dele na Itália?
Sempre foi visto como um bonachão, gente boa e muito comprometido. Na Itália olha-se muito o profissionalismo e o Cerezo sempre foi muito disciplinado. Por onde passou, deixou fãs pelo que fez em campo e pela simplicidade fora dele. Uma vez chegou ao treino da Roma de bicicleta, acharam que ele era maluco. Mas ele alegou que era mais rápido por causa do trânsito. E a comissão técnica preocupadíssima com a segurança dele! Eu fui para a Itália em 1984, ele foi em 1983. Certa vez, haveria um Torino x Roma, e eu falei que ele era um operário, mas um operário padrão, aí o repórter não entendeu, e ficou pejorativo. Quando encontrei o Toninho, ele brincou comigo, disse que era um operário bom de chinfra para caramba. Sempre nos falamos até hoje ou trocamos e-mails. Para mim sempre foi Toninho ou Boi Babão, por causa daquele jeito dele mesmo.

Você lembra alguma passagem curiosa jogando ao lado dele ou contra ele?
Em 1986, ia ter um corte na seleção. E neste dia, nós saímos para almoçar, e ele brincava com isso, porque estava machucado e garantia que um cavalo se recuperaria fácil. Mas ele foi o cortado. Uma semana depois, já estava disputando pela Sampdoria as finais da Copa Itália. Ele sabia das condições dele. E talvez para mostrar que poderia estar lá, foi jogar.

Pela infância pobre que teve, Cerezo era muito humilde?
Os caras encarnavam demais nele com o lance de grana. Certa vez, ele tinha um contrato com uma marca para usar chuteira, mas

Júnior treinando ao lado de Cerezo: "ele foi um monstro dentro de campo".

estava fechando com outra, e para não criar conflito, jogou com um pé de uma e um pé da outra! Não era um cara perdulário. Talvez pela infância pobre, não gostava quando as pessoas desperdiçavam comida. A verdade é que eu não consegui encontrar até hoje uma pessoa que não o veja como alguém gente finíssima, por este jeito simples de tratar a pessoa, presidente ou porteiro. A rouparia o adorava, só que no fim das excursões ele passava lá e pegava uniforme para dar para os amigos dele em Minas.

O que ele fazia melhor? Marcar, lançar ou chutar?
Ele chegou aonde chegou pela regularidade. O maior exemplo foi o Mundial de Clubes de 1993: ele no São Paulo, com 39 anos, sendo eleito o melhor da final. Jogou muito a carreira toda. E no final, criou uma motivação acima do normal. Em termos de eficiência, deve ter satisfeito a todos os treinadores com quem trabalhou. Preencheu tudo aquilo que eles gostariam que ele fizesse.

Algo o irritava?
Ele era zen, mas jogava muito duro, na hora de dividir, chegava juntinho, não aliviava não. E isso passou despercebido.

Ramires é o novo Cerezo?
Como um jogador capaz de exercer várias funções, até podemos comparar. Mas Ramires não tem a capacidade defensiva que Cerezo tinha. Ofensivamente, nas passadas largas, são parecidos. Mas Toninho era alto, bom na bola aérea, antecipação, no combate direto, mano a mano, usava os braços como poucos. Era dificílimo pegar a bola dele.

O Atlético Mineiro tinha, entre outros, João Leite, Luizinho, Reinaldo, Paulo Isidoro, Éder e Cerezo. A alma do time era Toninho?
Sem dúvida. Quando ele jogava bem, todo mundo jogava bem. Era a locomotiva, carregando um monte de vagão. Lembro que tínhamos que diminuir espaço para não deixar ele fazer uma jogadinha com Reinaldo. O negócio era obrigá-lo a tocar a bola para o lado. Ele não podia lançar, senão já era. Tinha uma precisão absurda.

Há quem diga que Cerezo revolucionou a forma de um cabeça de área jogar...
Sem dúvida. Foi o primeiro a se libertar! Antes, tínhamos um operário, jogando de cabeça de área, marcador. Não havia um armador e finalizador naquela função. Não me lembro, antes de 1978, de alguém que fizesse isso. Tudo bem, Clodoaldo fez um gol no Uruguai na Copa de 1970, mas não se metia toda hora no ataque. Quando o Cerezo engrenava, ninguém pegava. E ainda corria naquele Mineirão, que sempre teve a grama alta.

Já que ele foi tão marcado por aquele lance do jogo contra a Itália, última pergunta sobre isso. Ele se abateu?

Que nada. Pode ver que ele foi um dos melhores em campo. Vou te dizer... Copa do Mundo é fogo! Olha o Barbosa em 1950. Em 1978, o Zoff tomou aquele gol do Nelinho, indefensável, e quando chegou na Itália disseram que ele estava cego. Rapaz, errar numa Copa... te leva do paraíso ao inferno. O Oliver Kahn virou um frangueiro em 2002! Marinho Chagas foi eleito o melhor lateral-esquerdo em 74, mas falhou no gol da Polônia e foi crucificado.

Em 2009, o ponta Gil, que estava com ele na Copa de 1978, disse que Cerezo amarelou contra a Argentina e por isso não jogou. Você acredita nisso?

Toninho Cerezo era um homem que não se omitia! Houve alguma imposição naquele episódio. Acharam que ele não aguentaria a pressão? Então quem tinha que jogar era o Batista, e não o Chicão. Sacaram o Toninho direto, alegando contusão. E por que voltou no outro jogo? Não foi nem para o banco contra a Argentina. Jamais ele amarelaria! Pelo contrário, se tivesse que jogar contra a Argentina em qualquer lugar do mundo, ia botar a cara. Nunca pediu para não jogar. Nunca simulou uma contusão. Infelizmente, quem poderia responder já não está mais aqui. Quando eu soube da declaração do Gil, pensei apenas uma coisa: o Cabeção tá maluco!

CAPÍTULO 9

DUNGA

O mais polêmico
dos volantes deste livro.
Enfrenta a resistência
dos românticos no futebol,
desde os primeiros dias do
Internacional aos últimos
na seleção. Mas superou tudo
com determinação.

Julho de 1987. Cidade de Volterra, na Toscana. O repórter italiano chega para entrevistar um dos mais novos reforços do modesto Pisa. Carlos Caetano Bledorn Verri, que não ficou conhecido nem pelo sobrenome alemão nem pelo italiano. Era o velho Dunga mesmo. Velho não, novinho. Porém, veterano. Aos 24 anos, o filho mais famoso de Ijuí, no interior do Rio Grande do Sul, já tinha passado por Internacional, Corinthians, Santos e Vasco antes de começar a sua aventura europeia.

Fazia calor naquele verão em Volterra. As compridas sombras dos ciprestes não eram capazes de aliviar o cansaço dos jogadores do Pisa. Suando, de franjinha, Dunga se encaminhou após o treino para conversar com um repórter italiano, surpreso com o que vira. Ao pesquisar a história daquele brasileiro recém-chegado, lera que se tratava de um volante voluntarioso, de vocação defensiva, extremamente profissional. E só.

Levou um susto.

Boquiaberto, viu um Dunga de manga comprida, shorts e meias arriadas. Que além de marcar fortemente os companheiros, fazia jogadas de efeito, passes de trivela e ainda experimentava chutes fortíssimos de fora da área. Na entrevista, o brasileiro já arriscou responder num italiano ainda muito básico e misturado com espanhol.

– Nesta minha primeira semana no Pisa, estou me esforçando ao máximo para me enquadrar no sistema do time. Uso os treinamentos para aprimorar minha marcação e minha característica de avançar eventualmente, tentando tiros de longa distância.

Para terminar a conversar o repórter italiano fez a pergunta padrão para os brasileiros recém-chegados ao *calcio*. Segundo ele, todos lá sentiam uma melancolia e uma saudade muito forte do Brasil, e isso muitas vezes atrapalhava o rendimento e abreviava o retorno à América do Sul. Dunga não só respondeu que com ele jamais haveria este problema, como ficou na Itália por sete anos, transferindo-se depois para o Stuttgart, da Alemanha, onde jogou duas temporadas, e na sequência mais quatro anos de futebol japonês, pelo Jubilo Iwata. Depois daquela entrevista em Volterra, Dunga só voltou para o Brasil 12 anos depois, defendendo o Internacional.

O mais determinado de todos

Se houvesse apenas uma palavra para defini-lo, seria determinação.

De todos os volantes aqui celebrados, foi o nome de Dunga o mais questionado. Mesmo tendo passado por grandes clubes no Brasil como Inter, Corinthians, Santos, Vasco e feito carreira no exterior, jogando no Pisa, Fiorentina e Pescara, na Itália, Sttutgart, na Alemanha, e Jubilo Iwata, do Japão.

O goleiro Leão, que treinou Dunga em 1999, no Internacional, levou um susto. "Não jogava isso tudo não. Dunga e Piazza destoam desta turma toda do livro. Batista jogou mais que os dois, juntos! Dunga é destruição, antijogo", reclama.

O narrador Milton Leite comunga de opinião parecida, porém ameniza a crítica. "Não estaria na minha relação de melhores, mas tem uma história que merece ser observada e contada, inclusive para quem costuma fazer julgamentos definitivos sobre a carreira de qualquer jogador de futebol."

Mas vem do jornalista Renato Maurício Prado a revolta maior pela presença de Dunga neste livro. "O que está fazendo nesta lista???? Só porque foi o capitão do tetra? Pra mim, nunca passou de um Caçapava com ABS e vidro elétrico [leia-se sorte e liderança]."

A repórter Marluci Martins passou alguns dias na cidade natal de Dunga, para tentar descobrir de que é feita a alma deste personagem tão marcante e polêmico no futebol brasileiro. De volta ao jornal carioca *O Dia*, onde trabalha, Marluci escreveu detalhado dossiê sobre a tenra infância de Dunga. Desde a origem do apelido, dado pelo padrinho

Emídio Perondi, até os primeiros passos e passes no Ouro Verde, de Ijuí. Quando chegou ao time, pensou em ser goleiro. Só pensou. Começou como lateral-esquerdo e virou volante. Aos 14 anos, o primeiro desafio. Um dos técnicos que o treinara inicialmente, José Zambonato, notou que Dunga estava meio gordinho e o aconselhou a perder peso. Em um mês, o menino já estava magro novamente. Queria mostrar disciplina e profissionalismo.

No início da carreira, solidão e frio

Ao viajar para a capital gaúcha e tentar seguir na profissão no time do Internacional, outra provação. Ele e mais seis garotos foram alojados sob a arquibancada do antigo Estádio dos Eucaliptos, em quartos sem vidro, colchões duros e um frio de rachar. Só Dunga ficou.

Nos juvenis e juniores do Colorado, jogou de meia-direita, já com a mania de chutar da entrada da área ou intermediária todas as bolas possíveis. Era na base da tentativa e erro que ia marcando alguns gols. Porém, a falta de calibre chamou a atenção de Dino Sani, então treinador do time principal, já prestando atenção no ímpeto daquele jovem do interior.

– Fui eu que botei o Dunga para trás. Disse para ele: na meia você é uma m., não tem velocidade, chuta forte mas sem direção, é lento, não é rápido com a bola e faz esforço para correr. Ele é muito mais um comandante dentro do campo do que um jogador de bola. Foi capitão nos times que passou e na seleção. E está aí tapando a boca de todo mundo – orgulha-se Dino, com seu sotaque paulista "italianado".

E é com Dino Sani que começam os elogios a uma das carreiras mais vitoriosas do futebol brasileiro. Dunga não só venceu, como teve que convencer muita gente e superar vários traumas. O maior deles – a famosa Era Dunga –, surgiu como um rótulo incômodo para a geração que veio depois dos times dos sonhos de 1982 e 86, que nada ganharam, porém encantaram. A tal "era" virou símbolo de um futebol mais pragmático, de marcação, desarme e mais vontade que talento. A desclassificação precoce na Copa de 1990, numa derrota injusta para a Argentina, em que até bola na trave Dunga cabeceou, destroçou os sonhos do menino de Ijuí. Depois deste jogo, ocorrido em 24 de junho de 1990, Dunga ficou três anos sem ser convocado para a seleção. Retornou exatamente contra a Argentina, no dia 18 de fevereiro de 1993, chamado por Parreira, que já estava no comando do escrete nacional desde outubro de 1991. Se não fosse este hiato, talvez tivesse chegado aos 100 jogos com a amarelinha. Foram 95 aparições.

O estigma de 1990

Júnior, lateral titular das seleções de 1982 e 86, acha que a Copa de 1990 estigmatizou Dunga de tal forma que, por onde ele passou, foi obrigado a lidar com a fama de temperamental, brigão e que dava pancada.

– Mas a eficiência como jogador é inegável. Ele é muito correto, muito honesto, ser falso para ele é a morte. Não admite certas coisas. Na Fiorentina, tem gente que ama e odeia Dunga, porque ele bateu de frente com todo mundo, exigindo seriedade o tempo todo. Tenho admiração de como ele conseguiu superar tudo isso aí – diz o hoje comentarista de futebol.

Superação andando lado a lado com a determinação. Se Dunga percebia que não sabia dar passes de longa distância, treinava até aprender. Se achasse que o chute de perna esquerda estava fraco, ficava horas praticando. O repórter Andrei Kampf lembra uma passagem que testemunhou no fim de 1994, quando estava em Porto Alegre, a serviço da RBS, para fazer uma reportagem com o capitão do tetra.

– O Brasil já tinha sido campeão mundial, Dunga fazia sucesso no Stuttgart e a seleção, no dia 22 de dezembro, ia fazer um amistoso no Estádio Olímpico, contra a Iugoslávia. No dia 21, depois do treino, fui para o hotel aguardar a delegação e reparei que Dunga não tinha vindo no ônibus. Ele tinha ficado sozinho, no Olímpico, aprimorando alguns fundamentos. Dunga era assim – relembra Andrei.

– Um cara que levantou a Taça Fifa, que bateu pênalti na final, que foi destruído em 1990 e chegou a ser vice-campeão em 1998, não merece esse desdém. Dunga sempre soube das deficiências dele e foi atrás, corrigi-las. Merece nosso aplauso" – exige o jornalista Milton Neves.

E chegam mais menções de apoio. Vindas até de quem jogava muita bola e sofria com as entradas dos brucutus adversários. O artilheiro Leivinha, do Palmeiras e da seleção de 1974:

– Ele foi um verdadeiro obreiro, que tinha uma coisa importante, apesar de ser meio grossão, era um líder muito importante, e se aprimorou... Dizem que futebol não se aprende, mas ele lutou tanto que tem muito valor. Em 1998, até lançamento ele fazia. Não esmoreceu com as críticas e seguiu adiante. Parabéns.

Alegria e ódio
nas comemorações

Seguiu adiante, mas sempre carregando o peso das críticas. Nunca conseguiu chutar para fora do campo toda a mágoa que acumulou nestes anos todos de batalha. Que outra explicação para a explosão de raiva no Morumbi, durante as Eliminatórias, em 1993, quando acertou um "tirambaço" aos 10 minutos do segundo tempo, sem defesa para o goleiro equatoriano Espinoza? Ou os palavrões de desabafo ao levantar a taça em 1994, logo após a vitória nos pênaltis sobre a Itália que trouxe o tão desejado tetracampeonato? Diferente dos orgulhosos Bellini e Mauro, dos sorridentes Carlos Alberto Torres e Cafu, Dunga ergueu o caneco em tom de desabafo, mostrando para todos que era ele, ele mesmo, o crucificado protagonista da Era Dunga, um dos maiores responsáveis por resgatar a hegemonia do futebol mundial para o Brasil.

Os fatos permitem especular se Dunga tem mesmo sido um carrancudo rancoroso incurável ou, se na verdade, são seus críticos os grandes rancorosos. Talvez o pecado de rotular as pessoas tenha atingido seu ápice na relação de Dunga com os que não gostam de Dunga. Daqui a algumas décadas, certamente, ele será lembrado como o guerreiro sujo de lama que eternizou a camisa 8 da seleção e a pendurou num cabide, junto com a 7 de Garrincha, a 9 de Ronaldo, a 10 de Pelé e a 11 de Romário.

Já como treinador da seleção [cargo para o qual foi indicado em 2006], Dunga foi ao Mineirão jogar contra a Argentina, em junho de 2008, e ouviu a multidão, ensandecida, chamá-lo de jumento. Depois da crucificação de Barbosa durante meio século, da deselegância no Maracanã, em abril de 1998, quando cem mil pessoas esqueceram o passado do irmão de Sócrates para berrar "Raí, pede para sair" e, de quebra, mandar Cafu tomar naquela rima; nada mais infame e injusto do que chamar Dunga de jumento.

Jumento???

Dunga não foi, não é, e jamais será um jumento.
Por que em vez do deboche sobre a qualidade dos seus lançamentos, não se reconhece que depois de muito treinamento, o capitão aperfeiçoou o fundamento? Talvez porque seja *esporte nacional* dizer que Dunga nada mais foi do que um perna de pau. Vil injustiça, na opinião de um dos maiores jogadores brasileiros, e que também sofreu na pele acusações eternas e profundas por causa de um pênalti perdido – Zico:

– Dunga foi um jogador que teve um crescimento técnico muito grande. Deixou de ser só um jogador de combate para evoluir no passe, no chute, na chegada da área e ganhou a confiança irrestrita dos treinadores. Seu sentido profissional muito grande ainda serve de exemplo para muitos atletas jovens.

Já Rivellino pondera, sem ser agressivo.

– Não tenho nada contra ele, mas não poria no meu time ideal. Pintinho, Zé Mario, Zé Carlos jogaram mais que ele. Acho que Dunga, como jogador, só tinha um problema, achava que lançava, metia umas bolas de três dedos. Mas quer saber por quê? Porque não tinha ninguém em 1994, por exemplo, para meter uma bola. Nem Zinho nem Mazinho aproveitaram aquele sonso genial do Romário. Aí Dunga começou a lançar – analisa o camisa 10 eterno de Fluminense e Corinthians.

Em lugar de elogios à sua reviravolta, ficamos aos cantos e barrancos reclamando que um brucutu como o Dunga tinha resolvido, enfim, lançar. E Zico define isso muito bem quando diz:

– Dunga jogava o que tinha de melhor para o time, sempre pensando em ganhar o jogo. Cobrava muito o sentido do jogo coletivo e as pessoas se irritavam porque ele exigia isso. E quando ele passou a ser um segundo volante, avançou um pouco, cresceu ainda mais de produção.

Foram três Copas e três posições semelhantes, mas distintas, dependendo dos companheiros que tinha. Em 1990, eram Dunga, Alemão e Valdo. Em 1994, Mauro Silva, Dunga, Zinho e Mazinho. Em 1998, Dunga, Gilberto Silva, Leonardo e Rivaldo. Não fez nenhum gol no maior dos torneios, porém balançou as redes numa Olimpíada. A seleção olímpica, aliás, foi o vestibular de Dunga para se transformar no que é hoje. Foram 20 jogos, quatro gols e a medalha de prata nos Jogos Olímpicos de 1984, em Los Angeles. Na estreia, contra a Arábia Saudita, vitória por 3 a 1 e gol aos 14 minutos do segundo tempo. Dez anos depois, no mesmo Estádio Rose Bowl, em Pasadena, na Califórnia, Dunga faria o tal gol na disputa de pênaltis, Baggio perderia o dele e a taça do mundo era nossa. Afinal, com brasileiro, não há quem possa.

Aí veio o Japão, as temporadas no Jubilo Iwata e finalmente a Copa de 1998. Apesar de consagrado e perdoado, as desconfianças voltaram. Será que Dunga continuava competitivo, apesar de estar atuando em um campeonato de segunda linha, como o japonês?

Do inferno ao céu, sempre

O Mundial da França, em 1998, mostrou ser um exemplo do que foi a vida de Dunga. Do céu ao inferno ou do inferno ao céu, dependendo do ano. Começou a competição mais maduro do que nunca. Concentrado, orientando, carimbando a bola da defesa para o ataque e sempre colocando em ação os laterais Cafu e Roberto Carlos. Assim como Zito foi a voz de Feola e Aymoré Moreira no bicampeonato de 1958 e 62, Dunga era o espelho vocal do técnico Zagallo. Na estreia difícil em Paris, vitória por 2 a 1 sobre a Escócia, com o companheiro de meio de campo César Sampaio brilhando e fazendo gol. Durante os treinos, não se furtava a falar com a imprensa, cuidando sempre para que a crise com o corte de Romário, por contusão, já na França, dias antes da abertura, não influenciasse o clima e o comportamento dos companheiros. A princípio conseguiu. Não era fácil. O grupo já tinha muita gente experiente, consagrada e que não gosta de levar sermão nem desaforo para casa. Taffarel, Roberto Carlos, Cafu, Aldair, Leonardo e Bebeto eram alguns deles.

E foi exatamente Bebeto o divisor de águas daquela campanha.

O segundo jogo foi contra Marrocos, na simpática Nantes, a principal cidade do Vale do Loire. Giovanni tinha sido barrado pela comissão técnica, o time brasileiro vinha jogando bem, tranquilo, se impondo e mostrando que não daria chance a qualquer zebra magrebina.

Súbito, Dunga se irrita com alguma jogada errada de Bebeto e parte para o ataque. Mas não como das outras vezes, com a bola dominada, procurando chutar a gol. Desta feita, Dunga queria acertar Bebeto. Transtornado, sem se preocupar com as dezenas de câmeras filmadoras e fotográficas presentes, Carlos Caetano parecia voltar a ser o menino em uma de suas brigas com coleguinhas da Escola Municipal Doutor Ruy Ramos, em Ijuí. Tudo ficou escuro em sua mente e, por um momento, pensou estar berrando com o garoto que o acusou de saber antecipadamente das questões da prova de geografia porque a professora, a tia Maria, era também mãe de Dunga. Revoltado, pôs o dedo na cara de Bebeto e, já não tendo mais argumentos para aquele desabafo geral concentrado apenas num jogador, tentou

No Colorado: Dunga (agachado, o primeiro da esquerda para a direita) em time de juniores do Internacional de 1983.

dar uma cabeçada no próprio companheiro. Foi puxado por Leonardo e desde aquele dia, aquele jogo e aquele lance, Dunga nunca mais foi o mesmo na França.

Novamente, o mundo caiu sobre sua cabeça. No dia seguinte, as manchetes mostravam seu destempero em campo. Os torcedores comentavam que poderia estar desequilibrado. O novo maestro mostrara-se o velho monstro.

O dia em que Dunga cansou

E Dunga se fechou.

Não rebateu. Não combateu.

Preferiu o casulo.

"Aquela reação em campo era típica dele. Sempre adorou o Bebeto", diz Zico.

"No intervalo, pediu desculpas ao Bebeto, que prontamente as aceitou", garante Taffarel.

"Cansei de fazer aquilo. Que frescura achar que houve algum exagero ali", defende Zito.

A partir da reação geral, Dunga começou a sair do treino direto para o vestiário, passou a evitar dar gritos e orientações mais fortes nos treinos em Ozoir-la-Ferrière, subúrbio de Paris onde a seleção se concentrou, no Castelo de Lésigny. Porém, mantendo a correção de sempre, recebeu um bilhetinho de um repórter da revista *IstoÉ*, na saída de um coletivo, solicitando uma entrevista por telefone. No dia seguinte, ligou do quarto e falou sobre suas expectativas da Copa. No jogo seguinte o Brasil perdeu para a Noruega por 2 a 1, mas a classificação para a segunda fase veio da mesma forma.

O fôlego emocional de Dunga, entretanto, já estava na reserva, assim como um tanque de combustível de um carro popular. Não se dedicou mais a resolver os pequenos problemas do grupo, como sempre gostou de fazer. Giovanni, barrado e amuado, se arrastava nos treinos, desanimado. Edmundo, que entrou contra o Marrocos e protagonizou uma bisonha pisada de bola, estava irado por não ter mais oportunidades de atuar e passou a boicotar a imprensa. Mas Rivaldo e Ronaldo compensavam os pequenos focos de crise, jogando muita bola e goleando o Chile por 4 a 1, passando pela Dinamarca por 3 a 2 e, finalmente, chegando à mais uma final de Copa depois de uma vitória emocionante, nos pênaltis, sobre a fortíssima Holanda.

Neste jogo de semifinal, novamente Dunga foi escalado para fazer a quarta cobrança. E novamente lá foi ele, com o mundo sobre as costas, resolver os destinos da nação. Mordeu a língua, deu uma pancada, fez o gol em Van Der Saar, socou o ar com raiva, saudou Taffarel, e viu Ronald de Boer perder o dele. Veio a final, veio a crise de Ronaldo, veio o vice-campeonato. Vieram as críticas costumeiras. E nunca mais Dunga voltou a jogar pela seleção. Uma despedida com derrota, dirão seus críticos. Uma despedida com excelente atuação no torneio, defenderão seus advogados.

E tudo terminou assim.

A catarse no último capítulo

Claro que não. Estamos falando de Dunga.

O ano derradeiro de sua carreira foi 1999 e, como não podia deixar de ser, novamente teve que provar o seu valor, 16 anos depois de começar a vida como profissional de futebol. Voltou ao Internacional para disputar o Campeonato Brasileiro daquele ano e, como num passe de mágica, tudo foi muito rápido. Quando olhou o placar e o calendário, já eram 35 minutos do segundo tempo de um dos jogos mais importantes na história do Colorado. Contra o Palmeiras, no gigante do Beira Rio, na noite quente de 10 de novembro.

A campanha no Brasileirão fora muito ruim e, se empatasse, cairia para a Segunda Divisão, pela primeira vez na história. O placar o a o afligia a massa vermelha gaúcha quando Celso, na entrada da área, tenta dar um balãozinho em Galeano e sofre a falta. Elivélton se prepara para jogar na área, Celso também está perto da bola. De repente, vindo de trás, andando com seu jeito peculiar, quase marchando, chega Dunga. Só que ele passa pela bola e se dirige à grande área. Todos esperam o chute de esquerda do canhoto Elivélton, mas Celso se antecipa e alça a bola na altura da pequena área. O goleirão Marcos observa a trajetória da bola e apenas espera ela chegar para abraçá-la de maneira fácil. Eis que surge, como os locutores gaudérios berraram sem cessar, o Capitão do Tetra, que num peixinho sensacional desvia a bola para o fundo das redes, salvando da degola seu primeiro clube. E conseguindo terminar seus dias dentro de campo nos braços da torcida. Como definiu o cronista gaúcho Maurício Neves, "o baixinho invocado, com cabelo liso e cara de bravo, que dava carrinhos e passes com a mesma naturalidade" realizava ali sua enésima volta por cima.

Por isso, até hoje, quando vemos um time frouxo em campo, ouve-se a voz da arquibancada alguns degraus acima.

"Está faltando um Dunga nesse time!"

Agora, Dunga só fora das quatro linhas. No banco. Como treinador. Porém, segue exigente, bravo, correto e polêmico.

OS 11
MAIORES
VOLANTES DO
FUTEBOL
BRASILEIRO

DUNGA		
31/10/1963		
TÍTULOS	Internacional	Campeonato Gaúcho 1982, 1983
	Vasco	Campeonato Carioca 1987
	Jubilo Iwata	Campeonato Japonês 97/98
	Seleção brasileira (95 jogos e 4 gols)	Copa do Mundo 1994 Campeão Mundial Juniores Sub-20 1983 Campeão Sul-Americano Sub-20 1983 Copa América 1989, 1997 Copa das Confederações 1997 Medalha de prata – Olimpíadas 1984

ENTREVISTA
TAFFAREL

"Nunca vi Dunga xingar, reclamar, chamar a atenção de forma gratuita. Ele sempre quis o melhor para o grupo. Sempre."

Considerado por muita gente, mas muita gente mesmo, o melhor goleiro que a seleção brasileira já teve, Taffarel mora no coração do torcedor. Defendeu pênaltis e bolas impossíveis em três Copas do Mundo. Na Itália, em 1990, nos Estados Unidos, em 1994, e na França, em 1998. Jogou 108 partidas pelo Brasil e levou 73 gols, menos que um gol por jogo. Virou bordão nacional com o famoso "Sai que é tua, Taffarel!!", exclamado pelo locutor Galvão Bueno.

Respeitadíssimo na Europa, Taffarel foi ídolo do mesmo clube onde Dunga começou: o Internacional de Porto Alegre. Mas curiosamente não chegaram a jogar juntos pelo Colorado. Além do Inter, defendeu o Parma e o Reggiana na Itália, o Atlético Mineiro e o Galatasaray, na Turquia.

Cláudio André Mergen Taffarel vive hoje na capital gaúcha ao lado da mulher Andrea e dos filhos Catherine e Claudio André. Nas férias de verão, curte as praias de Santa Catarina. No inverno, adora subir a Serra Gaúcha para assar uma carne na casa que construiu nos arredores de Gramado.

Taffarel sempre se deu muito bem com Dunga. Deu broncas e recebeu. Mas defende com ardor o companheiro inesquecível de seleção brasileira. Com Dunga, Taffarel sofreu o malho pela derrota para a Argentina na Copa de 1990. A jogada começou com Maradona passando por Dunga, e terminou com Caniggia driblando Taffarel, tocando para as redes e eliminando o Brasil. Quatro anos depois, estariam juntos nas fotos do tetracampeonato. E em 1998, enfrentando o drama da final contra a França, quando o apagão de Ronaldo e o brilho de Zidane deixaram triste a torcida brasileira.

Goleiro quase imbatível debaixo das traves, Taffarel troca a camisa comprida pela toga, encarna um advogado, e defende Dunga das críticas. Elogia sem pudor o único volante brasileiro a levantar uma taça de Copa do Mundo.

Vocês dois se identificam com o Internacional, mas só se encontraram na seleção.
Pois é. Para dizer a verdade, nunca o encontrei no Beira Rio. Quando eu cheguei ao Internacional, em 1984, ele já estava treinando com a seleção olímpica para os jogos de Los Angeles, tinha saído do Colorado e ido para o Corinthians. Foi de uma geração anterior a minha, saiu da categoria de base para o time profissional. Mas, se você perceber, esta primeira passagem dele no Inter não foi tão marcante quanto a segunda. Durou pouco. Mas, na seleção, fiquei sabendo que ele era de Ijuí, no interior do Rio Grande, eu sou de Santa Rosa; ambos fomos campeões mundiais de juniores, ele em 1983, com Jorginho e Bebeto, eu em 1985, com Silas e Müller. E assim foi sendo construída a nossa amizade.

E ele sempre cultivou esta fama de bravo, de alguém que dá bastante bronca nos companheiros?
Dunga sempre foi assim. Não adianta nada se revoltar porque faz parte da personalidade dele. O perfil sempre será, como jogador ou treinador, de um cara exigente, que busca a perfeição até o último grau. A gente, na seleção, não esperava nada diferente do que isso. Pelo contrário, na minha opinião, até precisávamos disso. Era reclamão, sim senhor, mas mantinha todo mundo na linha. Frequentemente, quando via que o pessoal estava se empolgando demais, seja com uma vitória ou mesmo um deslumbre natural por estar na seleção, ele era o primeiro a pôr os nossos pés no chão.

Ter alguém como ele à frente dos zagueiros do seu time dava segurança?
"Bá", dava segurança demais. Dunga era um volante que não olhava
apenas para a frente, olhava para trás, orientando e nos chamando a
atenção. Se precisasse, reclamava comigo mesmo. Tinha vezes que já
me xingava lá do meio de campo, quando achava que eu não tinha
feito a reposição de bola correta. Mas o mais importante, e que faço
a maior questão de ressaltar para aqueles que ainda se espantam
com o jeito dele, é que Dunga nunca reclamou gratuitamente, por
nada. Nunca exigiu de alguém sem razão aparente. Ele queria o bem
de todo mundo no grupo.

*Todos dizem que ele é muito correto na sua postura profissional e que até
sofre um pouco por isso.*
Olha, se eu sofro em casa quando vejo que a minha esposa Andrea
não organiza as coisas da forma que eu acho certa, imagine o
Dunga, meu Deus do céu. Uma coisa que ele sofreu muito nesses
anos todos é que o Dunga sempre olhou o lado dele, claro, mas
nunca deixou de dividir esta preocupação, este cuidado, com o resto
dos jogadores. Como capitão, assumiu este papel quase voluntário
de pensar no todo. Hoje, conversando com ele em Porto Alegre, vejo
que ele sabe 99% mais histórias daquela seleção do que eu, mesmo
estando quase sempre junto a ele. Porque ele gostava de viver tudo
aquilo, de saber o que se passava na comissão técnica, de perceber se
algum jogador estava com as relações arranhadas com outro. Dunga
se doou muito nesse lado.

E o que faz de Dunga um volante moderno e digno de elogios?
O posicionamento e o conhecimento tático dentro de campo. A
cobertura e a antecipação nas jogadas. Os carrinhos bem dados e
a entrega 100% ao time, qualquer que fosse o jogo. Acho que a ida
dele para a Itália, onde jogou no Fiorentina e Pescara, acrescentou
demais na personalidade dentro de campo. O comportamento
dele no gramado só evoluiu, e eu via isso como adversário e
companheiro. A cada ano, ele sabia mais o que fazer com a bola
ou sem ela. Por isso foi muito respeitado pelos italianos e ainda é

Taffarel acha que os jogadores admiravam e aceitavam o estilo de Dunga.

um jogador lembrado por todos com muito carinho e pelo imenso profissionalismo que demonstrou diariamente.

Então por que tanta gente torce o nariz para ele? Há desafetos na imprensa, muitos torcedores o criticam...
Dunga é autêntico. Ele não força a barra para ser nem parecer simpático. E já tem uma cara naturalmente de zangado. Aliás, o apelido está completamente errado. Se era para ser um anão, que fosse o Zangado, jamais o Dunga. Mas é um bravo para o lado bom. Quem o conhece sabe muito bem ler e entender as reações dele. Exigente, pode ter certeza que ele estará sempre querendo e tentando fazer o melhor. Odeia tititi, detesta fofoquinha, e quando está diante de uma câmera não é diplomático. Vai falar aquilo que está pensando no momento. E nesse mundo de hoje em dia, muitas vezes acaba colhendo a incompreensão pública.

Apesar de ele ter sido o capitão do tetracampeonato nos Estados Unidos, em 1994, de ter levantado a taça com raiva e desabafo, há quem diga que, tecnicamente, o desempenho de Dunga na Copa de 1998, na França, foi melhor. Você concorda?
É uma teoria interessante. Em ambas, ele liderou a equipe, fez um trabalho perfeito de volante, caprichou nos lançamentos, arriscou dribles, mas sinceramente, e não é por causa do título, acho que a participação dele na campanha de 1994 foi mais intensa. Bateu e converteu o pênalti contra a Itália na final, deu passes inesquecíveis para Romário, não deixou a seleção ser pressionada em jogo algum. Esse é meu voto.

Dunga era um obstinado nos treinamentos?
Demais da conta. Seriedade total o tempo todo. Muito diferente da personalidade de um Romário, de um Ronaldo, desses atacantes malucos que ficam brincando no treino para ver quem acerta mais o travessão. Dunga considerava que a função de capitão da seleção brasileira não permitia brincadeiras. Por isso costumava ficar muito compenetrado nas repetições, nos fundamentos, nas orientações do

treinador. Mas se engana quem pensa que fora de campo ele era um caxias, um chato. Nada disso. Não sabia tocar nada, mas gostava de um sambinha e participava das rodas conosco. Não era contador de piadas, mas sabia ouvir todas. Não extravasava como outros, mas era um cara muito alegre no convívio com o grupo. E isso certamente é fruto das temporadas que passou na Europa, seja na Itália ou na Alemanha. Viveu muito tempo lá, onde trabalho é trabalho e ponto final. Aqui no Brasil, a gente mistura muito, até como uma forma de superar momentos delicados usando a descontração.

Zito, eterno capitão do Santos, time em que, aliás, Dunga também passou uma temporada em 1986, diz que Dunga foi uma versão moderna dele, com direito aos berros e palavrões. O que você acha?
Concordo. E uma comparação dessas, vinda do próprio Zito, certamente deixará o Dunga muito feliz e orgulhoso. Isso é a prova de que, dentro do mundo do futebol, todos sabem quais as intenções das broncas no calor de um jogo. Se o Zito é capaz de fazer esta relação, as mesmas pessoas que criticam Dunga e acham Zito o máximo deveriam repensar suas opiniões.

E a cabeçada em Bebeto, em plena Copa do Mundo, no jogo contra o Marrocos, depois de dar uma bronca daquelas no camisa 7?
Todo mundo sabia como ele era. Bebeto ficou bravo na hora, mas no intervalo já estavam conversando. Dunga pediu desculpas porque exagerou e tudo ficou bem até o fim do jogo. O Bebeto era muito tranquilo e muito consciente do comportamento do Dunga. Jogaram juntos no Mundial de Juniores de 1983, lembra? Os gritos, as brigas, os xingamentos eram para o bem do negócio.

Dunga ficou muito abatido com a eliminação na Copa de 1990 para a Argentina?
Aquela derrota mexeu com muita gente. É uma injustiça falar, até hoje, que a culpa era só dele. Chega a ser de uma irresponsabilidade incrível isso. Eu até achava bonito dizer que era a Era Dunga. Imagina se fosse a Era Taffarel, bonito não? Eu ficaria feliz. Mas

voltando àquela Copa, nem capitão ele era. A faixa ficava no braço do Ricardo Gomes, que inclusive foi expulso neste jogo contra a Argentina por causa de um carrinho violento. Mas quem é o alvo das críticas sempre? Dunga! Isso realmente o chateia. Aqueles jogadores do Brasil podiam ser titulares em qualquer seleção do mundo. Era para a gente estar na final daquela Copa, mas infelizmente foi uma primeira fase frustrante, não jogamos bem e isso refletiu contra a Argentina, ironicamente nosso melhor jogo no Mundial.

Ele evoluiu com o tempo?
Muito. Quando começou a jogar futebol, já buscava aprimorar o próprio conhecimento tático. Foi humilde para reconhecer as próprias deficiências e trabalhar para poder compensá-las. Sempre que acabava o jogo, ele ficava no jantar conosco, repetindo as jogadas da partida, falando o que podíamos ter feito, propondo que as jogadas fossem melhor executadas no próximo jogo. Quando foi escolhido para treinador da seleção, eu pensei comigo: tinha que ser ele. Eu, por exemplo, não acrescentaria nada.

Arquivo/Diário de S. Paulo

FALCÃO

Unanimidade entre jogadores e torcedores, Paulo Roberto Falcão foi a síntese da posição. O modelo a ser seguido. Marcava, se desmarcava e ainda fazia gols de todas as maneiras. Merece nota 10. E o capítulo 10.

"O Alemão está plenamente aprovado." A frase acabou com a trajetória do meia-esquerda habilidoso no Juventus, de Canoas, na região metropolitana de Porto Alegre. Ele mesmo, o moleque comprido e cabeludo, que de tão bom jogava também aos domingos no Fragatas, time de gente grande. O Juventus, o Fragatas e os moradores de Canoas nunca mais veriam as passadas largas e a elegância do Alemão. Aos 11 anos de idade, Paulo Roberto Falcão entrava para a escolinha do Sport Club Internacional. E de lá só sairia para ressuscitar o Império Romano.

Era 1964. Os anos de chumbo chegavam ao Brasil. Mas para seu Bento, pai de Falcão, o horizonte era vermelho. Na peneira do Colorado havia 300 guris. O treinador Jofre Funchal berrava: "zagueiro!", e um punhado de meninos se apresentava. Atacante! Mais um monte. Meia-esquerda! E lá foi o pequeno Falcão se apresentar. Apresentou-se, ouviu a frase mágica que abre este capítulo e continuou se apresentando, a cada treino, a cada jogo, conquistando os jovens companheiros e os treinadores. Era raçudo, habilidoso, marcava bem e fazia gols. Até que, no infanto-juvenil, o guri de cachinhos ouviu outra frase marcante, desta vez do técnico Ernesto Guedes: "A partir de hoje, tu não és mais meia-esquerda. Tu vais para trás, ser centro-médio".

O pequeno Falcão não ficou triste. Não está morto quem peleia. E ele começou a jogar ainda mais bola. À frente dos zagueiros, sentiu-se poderoso e percebeu que a visão do campo era privilegiada. Passou a fazer menos gols, mas aprimorou a noção de cobertura a ponto de orientar os zagueiros a cobrirem os avanços dos laterais. E se tomassem o drible de algum atacante arisco, aí sim, surgia a figura imponente do rei dos carrinhos. Boquiabertos? Isso mesmo, não se surpreendam, Falcão era o mestre do carrinho. Mas não estes carrinhos acéfalos e letais que só param nas placas de publicidade ou num osso quebrado. Eram deslizadas divinas, na lateral do campo, onde o corpo saía da horizontal para a vertical num átimo. E com a bola…

A arte do carrinho bem dado

"Aprendi a dar carrinho com Carbone", gosta de contar aos amigos. O bigodudo José Luiz Carbone, reserva de Clodoaldo na seleção, brilhou no Internacional e no Botafogo do Rio. Habilidoso e excelente marcador, não se importou em formar um sucessor na arte de tirar a bola sem fazer falta. Humilde, atento, curioso e inteligente, Falcão foi sugando todas as lições destes pequenos mestres invisíveis do futebol e aprendeu, aprendeu, aprendeu.

Subiu para o time profissional depois de defender a seleção olímpica em 1972, na Olimpíada de Munique. Tinha 18 anos. O Campeonato Brasileiro de 1973 ia começar e o Inter acabara de vender Carbone para o Botafogo. Havia chegado a hora. Ou quase chegado. A estreia era muito, mas muito longe de Porto Alegre. Apertado numa poltrona, atravessando o país de norte a sul, no voo até Belém, no Pará, Falcão sonhava ansioso. Mas no dia 25 de agosto de 1973 ficou no banco, aflito, vendo Schneider, Claudio, Pontes, Figueroa e Jorge Andrade, Tovar, Carpegiani e Djair, Valdomiro, Escurinho e Claudiomiro passarem sufoco no Estádio Evandro Almeida, o Baenão. O Paysandu ganhou de 2 a 1. E o treinador Dino Sani alisava a careca, pensando, pensando...

O segundo jogo era em Manaus, contra o Nacional. Um 0 a 0 sem graça e perfeitamente dispensável das estatísticas. Mas não. Aquele jogo, aquela data, 29 de agosto de 1973, marcava a estreia de Falcão no Internacional. Entrou no meio do jogo, no lugar de Tovar, um de seus ídolos. Longe de casa, há mais de uma semana, o menino teve uma *avant-première* discreta, sem comprometer, mas provando que a maturidade já havia chegado.

Dino Sani tinha muito carinho com aquele menino. Dava-lhe atenção especial nos treinos e via nele alguém capaz de honrar a escola de grandes volantes brasileiros. Não se arrependeu. Também personagem deste livro, Dino não tem a menor cerimônia em dizer: "Falcão é espetacular, um jogador completo, talvez o melhor de todos nós". No retorno para o Rio Grande do Sul, perdeu preciosos minutos regando o pupilo com dicas e mais dicas. Sabia que estava para nascer um dos maiores jogadores do século xx.

A estreia no Sul

Vida e Campeonato Brasileiro que seguem. O primeiro jogo do Internacional e de Falcão em Porto Alegre seria uma pedreira mais alta do que os charmosos morros da Serra Gaúcha. O Cruzeiro. Simplesmente o Cruzeiro de Perfumo, Zé Carlos, Dirceu Lopes, Piazza, Vanderlei, Palhinha, Joãozinho… e é melhor parar por aí.

Falcão novamente no banco. E o Cruzeiro muito melhor em campo. Com 16 minutos do primeiro tempo, o coração do menino Paulo palpitou. Chovia, mas ele não ouvia os pingos no telhado do banco. Olhava para o campo, para a torcida, para aquele ambiente que já considerava a sua casa há sete anos. Hipnotizado, Paulo Roberto Falcão prestava uma atenção dos diabos nas instruções do técnico Dino Sani. Súbito, mais uma frase inesquecível na vida dele: "Tim, aquece o Falcão!". Tim era Gilberto Tim, um dos melhores preparadores físicos que o Brasil já teve. Capaz de fortalecer craques sem endurecê-los nem engessar seus dribles. Junto com Minelli, fez do Internacional uma máquina de ganhar títulos. Jogando bonito, sempre. E não cansando, nunca.

Como de hábito, Tim o aqueceu berrando, incentivando, só que Falcão não entrou no primeiro tempo. O Cruzeiro vencia por 1 a 0 e, na volta dos vestiários, Tovar foi para o chuveiro e os torcedores teriam um encontro imediato de terceiro grau com aquele que seria o maior ídolo da história do futebol gaúcho.

Mal o jogo recomeçou, o goleiro Raul e sua camisa amarela fizeram um lançamento daqueles que não se vê mais hoje em dia. A bola atravessou metade do Beira Rio, sobrevoou a cabeça do árbitro Romualdo Arpi Filho e buscou o talento daquele camisa 10 azul, batizado Dirceu Lopes.

Pausa.

Avancemos 36 anos.

Sentado na poltrona de um hotel chique, em Salvador, onde foi comentar para a TV Globo o jogo Brasil 4 a 2 Chile, Falcão olha para o infinito, franze a testa, sorri maroto e relembra:

– Eu nunca mais vou esquecer desse lance. Bem na frente da torcida social e das cabines de imprensa. A bola veio e eu cheguei atrasado.

OS 11 MAIORES VOLANTES DO FUTEBOL BRASILEIRO

Falcão, a bola e a forma elegante de tratá-la.

Dirceu deixou a bola quicar, passar pela perna direita e eu, guri, tive a impressão que ganharia pelo menos o lateral. Que nada, ele esticou a esquerda, e de primeira jogou a bola por trás de mim, correndo atrás dela pelo outro lado. Meteu por aqui, saiu por ali... Ahh... eu pensei... nem que eu me rasgue ele não vai passar por mim. Eu consegui voltar, dar um carrinho, e peguei a bola, peguei ele, peguei grama e sem querer acabei dando um passe para o lateral-esquerdo. O estádio foi abaixo. E nunca mais saí do time.

Era o início da dupla Falcão e Carpegiani. Uma das maiores que o Brasil já viu jogar.

Era o início de uma lenda.

Era o início da vingança contra aquele mesmo Cruzeiro.

Dois anos depois, Falcão e Carpegiani, mais Manga, Valdir, Figueroa, Hermínio, Chico Fraga, Caçapava, Valdomiro, Flávio e Lula decidiriam o Campeonato Brasileiro de 1975 contra o Cruzeiro, também no Beira Rio. A campanha gaúcha era arrasadora: 29 jogos, 18 vitórias, 8 empates e três derrotas. Antes de Figueroa fazer o gol do título, aos 12 do segundo tempo, o ataque colorado já tinha marcado 50 vezes e levado apenas 12 gols. Quase 83 mil pessoas pagaram para ver o primeiro título nacional conquistado por um clube do Rio Grande do Sul. No banco, Rubens Minelli. No resto do país, uma inveja saudável da organização e do sucesso do Internacional.

Peter Frampton gaúcho

Lembrar de Falcão jogando no Inter é lembrar do meião branco subindo pelas pernas de avestruz, rígidas e fortes. A moda era a do shorts pequeno e da camisa com a gola em "V". Ele branco, ela vermelha. Magro, 1,90m de altura, cabelos encaracolados cor de trigo, o filho de seu Bento e dona Azize, nascido em Santa Catarina por acaso, mais parecia o roqueiro Peter Frampton na capa do LP *Frampton Comes Alive*, de 1976.

Com Dino Sani aprendeu a chutar de primeira. A passar de primeira. A ser um craque de primeira. Habilidoso, o camisa 5 tinha a mania de matar a bola no peito, amaciar na coxa e dar o passe preciso. Dino perturbou tanto que Falcão aboliu as matadas e virou um especialista em virar o jogo com apenas um toque.

Era o cara mais atrás daquele meio de campo. E um dos que mais avançava. Adorava desarmar, armar e ainda concluir. Tudo numa jogada só. E não deixava buraco atrás. Imagine o rei da cobertura precisar de cobertura de alguém? Corria muito e com elegância. Amava treinar. Sozinho, cansou de dar quatro voltas no campo, fazendo os 1.500 m em 4 min e 45 s e nutrindo os próprios músculos de resistência, força e velocidade. Até hoje se arrepia ao lembrar dos berros de Tim. "Vamos, vamos, você está voando!!"

E não era só. Jogador completo, Falcão também era bom de cabeça. Literalmente e metaforicamente. Era um atleta cerebral e cabeceava como poucos. Nenhuma antologia do futebol pode prescindir do gol que fez. Gol não. Da obra de arte que fez com a ajuda de Escurinho. Mas isso merece um parágrafo. Um grande parágrafo. O dia da famosa cabeçada cerebral.

1976. Semifinal do Campeonato Brasileiro. Numa perna, a histórica invasão corintiana ao Maracanã no jogo contra o Fluminense. O Timão venceu nos pênaltis e foi para a grande final. Na outra perna, o Beira Rio lotado roía as unhas aos 45 minutos e meio do segundo tempo. O Internacional, último campeão, empatava com o Atlético-MG em 1 a 1. O resultado levaria o Galo para a decisão contra o Timão.

O sonho do bicampeonato colorado escorria pelas bombas prateadas dos milhares de chimarrões do estado.

A equipe mineira já comemorava e, com razão, se encolheu no próprio campo, contando os segundos para o apito final do pernambucano Sebastião Rufino. Lá no lado do Internacional, um solitário Marinho Perez pensava o que fazer com a bola. A poucos metros, o único atacante adversário fazia meia pressão. Marinho inverte a jogada e rola para Figueroa. O chileno apara a bola com a perna direita, dá outro tapinha para frente, ergue a cabeça com a calma dos grandes generais, como se nada estivesse acontecendo na trincheira sangrenta, e divisa o corpo de Dario, o Dadá Maravilha, que saíra da área para fugir da marcação e buscar jogo. O terceiro toque de Figueroa é um lançamento até o lado direito da defesa do Atlético. O mineiro Toninho Cerezo, como todo craque, antecipa a jogada e já corre em direção a Dario, para cortar o lance na raiz. Em vão. O atacante colorado nem espera a bola cair e toca de primeira para Escurinho, que também está fora da área e, cheio de estilo, gira o pescoço firme para a esquerda e cabeceia para a entrada da área, buscando Falcão. Para que matar? Para que chutar? Falcão simplesmente tabela de cabeça com Escurinho e já penetra, possesso, pela área atleticana. De dentro da meia-lua, Escurinho dá sequência à jogada genial e devolve, também de cabeça, para Falcão, que entra destemido pela defesa e, como treinava desde garoto, emenda de primeira, com força suficiente para evitar a defesa do goleiro Ortiz, que ainda toca na bola, mas talvez tenha tido vergonha de estragar "aquela pintuuuura", como diriam os narradores do século xx.

Sete toques, seis deles no ar, como também ficou no ar Falcão, ao correr tresloucado, imitando inconscientemente Pelé. Cinco jogadores participaram, e coube a ele protagonizar o derradeiro toque, aquele que venceria Ortiz e ficaria para sempre na memória de todos os torcedores brasileiros através de milhares de repetecos nos programas esportivos. No domingo seguinte, no mesmo estádio, a mesma turba viu o Corinthians tentar de tudo e não conseguir impedir o justíssimo bicampeonato do Internacional. No placar, 2 a 0, um de Dario e outro de Valdomiro.

Abrem-se aspas: "Para mim, Falcão foi o maior volante de todos os tempos. Cracaço completo, estilo puro, elegante, sempre de cabeça em pé e antevendo a jogada alguns anos à frente da patuleia", atesta Renato Maurício Prado, militante do jornalismo esportivo há décadas.

– O melhor volante que eu vi jogar. Aquele jeito elegante de correr, cabeça sempre erguida. Forte fisicamente, mas ao mesmo tempo dono de técnica refinada, consciência tática, boa finalização nos chutes de fora da área. Marcava, organizava e atacava com a mesma eficiência. Um dos mais completos jogadores que tive a chance de ver atuar – derrete-se também o narrador Milton Leite.

– Uma vez eu perguntei para ele porque jogava muito pelas laterais do campo, mesmo sendo um volante. Ele me respondeu com a simplicidade e objetividade que tinha em campo. Disse que nas laterais sempre tem menos gente" –, relembra Galvão Bueno.

"Falcão não é um jogador brasileiro, é um jogador holandês", dizia Hugo Amorim, ex-conselheiro do Internacional e ex-colunista do jornal *Zero Hora*, falecido em julho de 2009. A definição de Amorim combina com uma das paixões de Falcão. O futebol da Holanda. Admirador confesso, no eterno camisa 5 do Colorado chega a brilhar os olhos quando fala do jeitão da Laranja Mecânica marcar: "Eles são os melhores marcadores do mundo. Porque individualmente ou coletivamente, apertam de uma forma que sufoca o jogador ou o time adversário".

Imitando João do Pulo

A marcação europeia não é assim à toa. Tudo fruto de muito treino e aplicação tática. Falcão sempre se orgulhou de contar a todos como adorava treinar. A ponto de ser um dos poucos jogadores do mundo a copiar o treinamento de um recordista mundial no atletismo. Sabe quem? João do Pulo, campeão olímpico e recordista mundial em salto triplo em 1975. Com a ajuda do parceirão Gilberto Tim, Falcão se encaminhava para a beirada do campo e punha o pé direito num banco ou mureta. Tim pegava a sua cintura e vupt, dava um embalo para cima, na volta, repetia o movimento com o pé esquerdo apoiado. E Falcão voava. Chegando fácil a 2,50m de altura. Voou tanto que foi parar em Roma.

A experiência europeia foi uma das mais prazerosas da vida dele. Dezesseis anos depois de defender com amor e honra o Internacional de Porto Alegre, ajudando a enriquecer a galeria de troféus do clube com nove títulos importantes, o brasileiro holandês desembarcou em Roma numa transferência milionária para a época. Um milhão de dólares. Isso, em 1981, era muito dinheiro. Investimento alto, para ressuscitar o time da capital, que desde 1942 não conquistava o escudeto italiano. Não só alto, mas histórico. O site da Roma não mente nem se furta a dizer que foi a maior contratação desde a fundação do time, em 1927. Mas, por pouco, o Falcão romano não foi o Falcão milanês. Inter e Milan tentaram. O primeiro demorou demais, o segundo teve problemas na Justiça e foi impedido de contratar.

Ainda bem. Roma era o lugar perfeito para ele. Por uma razão singela. O Estádio Olímpico, palco principal das grandes atuações italianas do craque, possui uma área de escape gigantesca ao redor do gramado. Claro, é um estádio olímpico. As raias que serviram às Olimpíadas de 1960 até hoje ainda estão lá. E Falcão sempre precisou de muito espaço para comemorar seus golaços. Por isso, as imagens mais marcantes de sua passagem brilhante pelo futebol italiano começam com alguma jogada esplêndida, passam por algum gol inesquecível e terminam com uma corrida delirante na direção da torcida. Falcão saía do campo e atravessava todas as raias, pulando, vibrando, mostrando as veias.

Divino, mágico, real foram alguns dos superlativos para Falcão durante os anos romanos. Recolocou o time amarelo-grená no panteão dos grandes clubes italianos. Virou um símbolo lá e aqui. A cada temporada que era transmitida no Brasil, notava-se a mudança de discurso, o aumento do conhecimento tático e até a elegância do vestuário. Falcão ensinou aos boleiros brasileiros que não havia nada demais em se vestir bem. Ao contrário de agasalhos surrados, ternos elegantes; no lugar de chinelos, sapatos de couro alemão. Dentro de campo, de branco ou grená, fazia de todos os jogos uma ocasião de gala. Por pouco a Roma não exigiu traje a rigor nas arquibancadas. O que o brasileiro fazia em campo, merecia.

O maior desafio, porém, era fazer da Roma novamente campeã italiana. Falcão chegou em 1980 e o último e único título nacional romano fora conquistado em 1942. E tirando a torcida, ninguém mais do país sentia falta. Por ser da capital, o clube era associado a um funcionalismo público privilegiado e acabou atraindo, com o passar dos anos, uma antipatia nacional. Os torcedores se sentiam perseguidos e o jejum doía na alma da cidade eterna. Menos, claro, para o Lazio, fundado em 1900, 27 anos antes do rival caseiro, e feliz por ter conseguido igualar a estatística ao conquistar o escudeto em 1974.

Sorte que no banco do Roma estava alguém que entendia muito de sofrimento italiano. O treinador sueco Nils Liedholm, guru de Falcão, já fizera história no *calcio*. Campeão olímpico como jogador nas Olimpíadas de 1948 em Londres, Liedholm chegou ao Milan com dois compatriotas, Gunnar Gren e Gunnar Nordahl. Era o trio Gre-No-Li, que acabou conquistando o Campeonato Italiano em 1951, depois de 44 anos de seca rubro-negra. Quando parou de jogar, em 1961, fixou residência definitiva na Itália, dirigindo o Milan, Fiorentina e Roma. Sabia dar valor aos craques.

Na tarde de estreia de Falcão na Roma, contra o Como, ficou uma fera no intervalo e deixou claro para o resto do elenco: "Paulo pegou três bolas durante o jogo. Ele precisa pegar 400!". Depois, num canto do vestiário, ensinou a Paulo:

– Aqui não é como no Brasil. Nós vimos como você jogava lá. Sabemos do seu estilo de roubar a bola, tocar e entrar pelo ataque. Aqui o jogo é mais fechado, vai se desgastar à toa e encontrará sempre um muro na frente. Suba sempre, mas sempre com certeza.

Já para os torcedores, Falcão ainda representava, no começo da temporada, o macaquinho de circo brasileiro. Na sua apresentação, ouviu várias vezes: "Queremos show, firula". E ele respondeu: "Não vim aqui para isso. Vim para ser campeão". E a resposta parecia combinada. "Mas não seremos campeões nunca!", diziam, debochando de si mesmos.

O Rei de Roma

Foi, viu e venceu. Duas vezes campeão da Copa Itália, vice-campeão italiano e finalmente campeão italiano na temporada 1982-83. Um sonho, uma conquista, um delírio. Os protagonistas. A linha de frente irresistível: Falcão, Ancelotti e Prohaska. Pruzzo e Bruno Conti. Um time que rodava e confundia os adversários. O brasileiro era um coringa invisível, chamado de *Tutto Campo*, pois marcava atrás, sumia de repente, aparecia na frente. E assim como no Internacional de Porto Alegre, ganhava as manchetes por gols que não fez. O mais famoso dele num passe meio de calcanhar, meio de letra, meio de voleio às avessas, num jogo contra a Fiorentina. Apelidado de "*il tacco*", o lance entrou para a antologia do futebol italiano, muito menos pela conclusão de cabeça de Pruzzo, muito mais pela invenção instantânea de Falcão, ao ver que havia passado da bola um "cadinho" só.

Mas nem tudo é perfeito.

Os tais deuses do futebol, na realidade, não passam de jogadores frustrados que subiram ao Olimpo e lá se divertem como espíritos de porcos. Ardilosos, elegem poucos para certas glórias e punem outros com a crueldade das partidas inesquecíveis e tenebrosas.

Falcão teve duas.

A primeira contra a Itália. A segunda na Itália.

1982. Seleção brasileira. Um meio-campo onírico. Falcão, Cerezo, Sócrates e Zico. Cada um melhor que o outro. Sob a batuta de Telê Santana, encantaram os fãs do futebol bem jogado. Até começar o Mundial, na Espanha, colecionavam exibições e goleadas. Para muitos, Falcão era a grande alma do time, apesar do coletivo de craques e da camisa 10 do Galinho de Quintino. Na Copa da Espanha, jogou muito. Depois de vitórias sobre União Soviética, Escócia, Nova Zelândia e Argentina, brasileiros e italianos chegaram a Barcelona, no Estádio Sarriá, para uma batalha de vida ou morte. E o roteirista escalado pelos deuses do futebol, naquele 5 de julho maldito, era frio, calculista e cruel.

O empate era do Brasil, pois tinha maior saldo de gols.

Começa o jogo. Paolo Rossi 1 a 0.

FALCÃO

Continua o jogo. Sócrates 1 a 1.

Brasil classificado.

Paolo Rossi 2 a 1.

Itália classificada. Começa o segundo tempo.

Jogo duríssimo. Lá e cá.

Mas aos 23 minutos, o italiano Bruno Conti pensa o pior. Do ataque ele vê Júnior saindo da esquerda e rumando lépido para o meio. De três dedos, o eterno lateral rubro-negro lança Falcão na entrada da área. Cerezo corre por trás de Falcão, que simula o passe. Tardelli, Scirea e Gentile vão atrás da bola imaginária, mas ela continuou no pé de Falcão. O chute é seco, de canhota, sem defesa para Zoff. Era o gol de empate. Da classificação para a semifinal contra a Polônia.

Era.

Cinco minutos depois, o mesmo companheiro da Roma, Bruno Conti, estava correndo para abraçar Paolo Rossi, que fizera o terceiro gol, impedindo a possibilidade de título daquela geração.

Em 1978, na Argentina, Falcão já era bicampeão brasileiro e "cracaço" reconhecido. Foi preterido por Cláudio Coutinho, que preferiu o vigor físico de Chicão.

Em 1986, no México, não estava bem fisicamente, foi reserva e quase não jogou.

Era para ser 1982.

Mas a outra frustração ainda estava por vir. Em 1984, a Roma chega à final da Copa dos Campeões, atual Uefa Champions League, contra o Liverpool. O jogo é em casa, no Estádio Olímpico. Falcão entrou em campo de branco. Mas saiu de luto. O empate em 1 a 1 levou a decisão para os pênaltis. O Liverpool começa perdendo, com Nicol chutando a bola lá no Coliseu. Di Bartolomei faz. Neal também. Mas ele, Bruno Conti, usa a canhota para isolar a bola no melhor estilo Baggio. Souness põe os ingleses na frente. Righetti iguala. Rush faz o seu e Graziani perde, para desespero de Falcão e do amigo Cerezo, que chegara à Roma para aquela temporada.

Nada que tornasse opaco o brilho da coroa do Rei de Roma.

Falcão foi um monstro. Se você o viu jogar, se você não o viu, mas quer tentar entender como se explica a contribuição que ele deu ao futebol mundial, pense assim: Paulo Roberto Falcão não era atacante, não começava jogando lá na frente, enfiado, perto da área adversária. Quando a bola rolava, ele estava lá atrás, à frente dos zagueiros. A vida toda. No Internacional, na Roma e na seleção. Mesmo assim, fez gols de todos os jeitos. Não, não... não é figura de linguagem. Falcão fez gol de bicicleta? Fez. De cabeça? Fez. De esquerda? Sim. De esquerda de primeira? Também. De direita? Um monte. De direita de primeira? Vários. Driblando três, quatro, cinco adversários? Fez. De fora da área? Inúmeros. Na grande área, na pequena área? Sim, sim. Quase todos comemorados com uma corrida enlouquecida, vibrante, feliz, que terminava com um soco no ar. Coincidência, homenagem?

Falcão, qual o seu grande ídolo?

"Pelé."

É isso. Falcão foi o Pelé dos volantes.

FALCÃO
16/10/1953

TÍTULOS

	Internacional	Campeonato Gaúcho 1973, 1974, 1975, 1976, 1978
		Campeonato Brasileiro 1975, 1976, 1979
	Roma	Campeonato Italiano 1983
		Copa da Itália 1981, 1984
	São Paulo	Campeonato Paulista 1985
	Seleção brasileira (34 jogos e 8 gols)	Copa Roca 1976
		Taça do Atlântico 1976
		Torneio Bicentenário dos Estados Unidos 1976

ENTREVISTA
PAULO CÉSAR CARPEGIANI

"Paulo era um cara completo. Incomparável."

Todo livro de listas já sai polêmico do prelo. Jamais haverá uma unanimidade, seja das cinco melhores padarias do Recife às dez atrizes mais bonitas de Hollywood. Porém, neste aqui, dos 11 melhores volantes do futebol nacional, um cidadão foi responsável por uma enxaqueca daquelas no autor. Cefaleia que durou quase dois meses.

O nome dele é Paulo César Carpegiani, que desde a gênese do projeto aparecia citado por quase todos os entrevistados. "Mas o Carpegiani não está na lista?", cobrava um. "Cadê o Carpegiani?", exigia outro. "Se é para botar esse tem que pôr o Carpegiani!".

E o livro ia sendo escrito sob a sombra da culpa. Mas será que o Carpegiani foi mesmo volante? E pior! Andrade teceu louvas ilimitadas para o gaúcho de Erexim. Disse que aprendeu muita coisa com ele. Falcão o trata de Paulo César e também relatou que foi um dos maiores com quem já jogou. E tome elogios, lembrança de jogadas, referências...

E agora? Craque do meio-campo brasileiro em 1974, Paulo César Carpegiani começou no Internacional e terminou no Flamengo. Apenas dois times na carreira. E mesmo assim fez parte de dois esquadrões. Um que tinha no meio ele, Falcão e Caçapava. E o outro que desfilava no Maracanã sob a regência de Zico, ele, Andrade e Adílio, caindo pela esquerda. Foi sete vezes campeão gaúcho, tricampeão carioca e tricampeão brasileiro. Iria para a Copa de 1978 se não fosse uma contusão. Encerrou a carreira cedo, aos 31 anos, exatamente por problemas físicos. Pior para o futebol.

Habilidoso, rápido, jogava o fino da bola e dava uma segurança incrível aos companheiros. Viu o menino Falcão chegando ao Internacional

Os dois Paulos conversando. Craques dentro e fora do gramado.

e até hoje mantêm estreitos laços de amizade com o eterno camisa 5 do Colorado. Porém, não se furta em cutucar o amigo e implicar com "as mentiras" que o outro Paulo conta. E mais. Lembra o dia em que quis enfiar a mão no lourinho abusado do infantil.

Estou com medo de fazer a primeira pergunta. Será que este livro aqui está cometendo uma injustiça tremenda não o colocando como um dos 11 melhores volantes do Brasil?
Claro que não! Pode ficar tranquilo! Eu sempre fui o famoso meia de ligação, também posso ser chamado de ponta de lança. Sempre joguei nesta posição. Mais avançado. Mais longe da zaga. Uma ou outra vez fui improvisado a pedido de algum treinador, mas na maior parte da minha carreira vesti a camisa 8 ou a camisa 10. Pode dormir sem dor de consciência. No Flamengo, por exemplo, joguei com Merica ou com Andrade atrás de mim.

Agora que o autor está com a consciência limpa, vamos falar de Paulo Roberto Falcão. O que faz dele um dos maiores volantes do mundo?
Certamente a versatilidade durante o jogo e até mesmo durante toda a carreira. Ele era um volante que se desprendia dos conceitos táticos que tentavam impor. Não se fixava à frente da zaga. Paulo era um cara completo. E por isso, eu mesmo tinha que me policiar, pois quando ele saía, eu ficava de volante, cobrindo seus avanços. Dava a impressão, às vezes, que ele era um meia-armador, tal a facilidade em criar e distribuir as jogadas lá na frente. Começamos a jogar juntos em 1972, 73... e acho até que ele poderia ter ido à Copa de 1974 comigo. Naquele time do Zagallo, por exemplo, eu tinha que marcar o tempo todo, porque o Rivellino só cercava, para ajudar. Se o Falcão estivesse lá, ia aliviar minha barra.

E Falcão aprendeu tudo isso com quem?
Parece bobagem falar. Ou mesmo lugar comum. Mas isso nasce com a pessoa, com o atleta. Este algo mais. Falcão foi um jogador que marcou época. Tinha muitas qualidades. Sabia marcar como

poucos, carregava uma noção de posicionamento absurda, era inteligente e possuía uma visão de jogo que facilitava a vida dos companheiros. Além do mais, batia bem com as duas pernas, cabeceava perfeitamente. Enfim, um craque completo. Uma exceção, como volante. Incomparável. Você pode ver que até hoje é lembrado, mesmo pelos guris que não o viram jogar.

Você lembra da primeira vez que ele jogou com você no profissional?
Lembro de algo muito mais antigo. Um episódio hoje até engraçado e que me marcou muito. Até porque eu quase dei nele! Eu era juvenil no Internacional e ele ainda jogava no infantil. E, como era costume na época, nos enfrentamos em um jogo no antigo Estádio dos Eucaliptos, que nem existe mais, na nossa Porto Alegre. Pois bem, a partida rolando, os juvenis se impondo pela virilidade e tamanho da gurizada, quando, de repente, eu coloquei uma bola na frente e corri. Cabeça erguida, consciente, olhando os companheiros quando.... de uma hora para a outra... *Tum*! Me aparece o Falcão, com aquelas pernas enormes, voa, desliza e me dá uma tesoura criminosa. Que guri de m.! Para que fazer isso num amistoso que não valia nada? Ah, que vontade de partir para cima dele! Lourinho, perna comprida, e querendo fazer graça para cima de mim? E não é que ele me deixou no chão, todo rasgado? Naquela época Falcão já era o astro do infantil e mostrava muita personalidade. E só depois de muito tempo jogando juntos no profissional que o associei àquele moleque maluco que quase me quebrou nos anos 1960.

E a estreia dele?
Ah, é bom você perguntar isso. Você sabia que ele mente descaradamente sobre o primeiro jogo dele? Inventa que foi num Campeonato Brasileiro, lá no norte do país...Na verdade, foi uma partida contra o Esportivo de Bento Gonçalves. Perdemos o jogo por 2 a 1 e o Dino Sani, que era nosso treinador e já confiava muito

em minhas opiniões sobre o elenco, veio me perguntar o que eu tinha achado do garoto. Eu já tinha percebido o valor daquele guri e respondi sem titubear para o seu Dino: "Pode deixar o menino ali no meio e mandar o time todo para frente". Ainda bem que eu estava certo!

Você ensinou muitas coisas a ele?
Veja bem, eu fui um modesto jogador. Até ensaiava dar algumas dicas ao Falcão, mas o menino parecia ter nascido pronto. Eu sempre achei, e ainda acho hoje, como treinador, que o craque, antes de receber a bola, já sabe o que fazer com ela. Sem falsa modéstia, eu era muito inteligente com a bola. Usava os meus companheiros para fazer o drible. Sempre saí jogando muito rápido, de primeira, cabeça para cima, sem olhar para a bola... e pode ser que isso tenha influenciado o estilo de jogo dele. O Paulo Roberto é muito generoso. Sempre que dá entrevistas, diz que eu fui importante para a vida profissional dele. Talvez eu tenha sido uma espécie de exemplo, mas não foi nada muito consciente não.

Falcão era um jogador que treinava muito?
O quê? Aquilo era um cavalo! Eu, ele e Jair éramos os mais viciados nos treinamentos físicos. Sabíamos que aquilo, por mais chato que pudesse parecer, seria fundamental para nossas carreiras. Treinávamos muito corridas de longa distância, fortalecendo o fôlego e a velocidade constante. Não foi à toa que Falcão conseguiu jogar e se dar muito bem na Roma. Era um estilo brasileiro, mas que se encaixava muito bem no futebol europeu.

O jornalista Milton Neves diz que aquele time do Internacional, campeão brasileiro em 1975 e 1976, era o melhor do mundo na época, mas como era um clube gaúcho, não teve o reconhecimento merecido. O que você acha?
Acho que o de 1975 era ainda melhor do que o de 1976. Era uma equipe extremamente competitiva, que marcava muito bem, solidária, de poucos toques na bola e chegada rápida ao ataque.

OS 11 MAIORES VOLANTES DO FUTEBOL BRASILEIRO

Além de um vigor físico impressionante, que estava a serviço do talento e não dos brutamontes. Mas é inegável que Falcão era um diferenciado. Ele tinha um brilho próprio.

E os "Grenais"?
Ah, no "Grenal" era bicho certo. Tanto é que eu brincava com o Paulo, na semana que antecedia o grande clássico. Apostávamos quem iria receber o prêmio de melhor em campo. Não tínhamos medo do Grêmio, não à toa fomos tantas vezes campeões gaúchos.

Vamos voltar a falar de Copa do Mundo. Afinal, foi ou não foi uma injustiça não terem levado Falcão para o Mundial da Argentina, em 1978?
Uma baita de uma injustiça. E posso falar sem medo, pois eu era o capitão do treinador Coutinho. Façamos as contas. Falcão surgiu em 1973, brilhou nos anos seguintes e em 1978 estava na ponta dos cascos. Nessa época, eu tive uma lesão muito séria, ou seja, abriu uma vaga na seleção, e ele poderia ter ido tranquilamente. Mas não foi chamado. É, certamente, uma das grandes injustiças na história do futebol brasileiro e talvez do futebol mundial.

Vocês gritavam muito em campo, para orientar os companheiros? Falcão era desses que falava muito, tipo Zito, Piazza?
Olha, ele comandava aquele time do Internacional, mas jamais pelo grito. No futebol, tudo se mede pela bola que tu jogas. E não pelo berro que tu dás. Falcão jamais forçou a barra. Eu adorava jogar com ele, com o Bráulio, porque o entendimento era no olhar, numa sinalização com os dedos, num eventual grito para pedir a bola, mas jamais faltando respeito com o companheiro. Cada jogador tem um jeito, uma história. Uns funcionam sem bronca, outros com uma voz de comando mais firme. Sair por aí berrando com o time todo jamais dá certo.

E na seleção brasileira?
Engraçado, jogamos juntos muito pouco na seleção. Nem me
lembro direito, acho que foram duas vezes, e contra o Paraguai.
Numa partida, demos de 6 a o neles e na outra empatamos em
2 a 2 e Falcão até fez um gol. Ambas em 1979. Já como treinador,
eu não tive o privilégio de treiná-lo, pois sei que ele é um jogador
dos sonhos para qualquer técnico, porque era inteligente e não
peitava decisões, conversava.

E a amizade que ficou depois que vocês abandonaram os gramados? É
especial?
No futebol, a gente tem muitos conhecidos. Mas com o Paulo eu
tenho um relacionamento estreito. Ele conhece minha família, eu
conheço a dele. Sempre que podemos, saímos em Porto Alegre para
jantar. Admiro Falcão como homem, como pessoa e pelo atleta que
foi. Um dos poucos que realmente dá muito orgulho ter conhecido
e jogado junto. E acho, sinceramente, que ele não tinha que estar
comentando jogos pela TV Globo. O lugar dele ainda é aqui, no
meio do futebol, treinando ou ensinando tudo que sabe.

Mas e se ele não quiser?
Ele não sabe ainda, mas num futuro próximo ele será o presidente
do Colorado e eu um diretor.

CAPÍTULO 11

HOMENAGEM AOS BRUCUTUS

Eles passam a vida a marcar. Vibram ao desarmar. Para uns, são heróis. Para outros, vilões. E se puderem, não deixam passar nem pensamento.

O que é um brucutu?

Os fãs mais novos do futebol talvez não saibam nem quem é *o* Brucutu.

Os fãs mais velhos certamente lembrarão do personagem pré-histórico, fortão mas gente boa, sempre com um martelo de pedra na mão, namorado da opulenta Ulla, habitante do reino de Mu e dono de um dinossauro de estimação, Dinny. Os quadrinhos foram criados em 1933 pelo americano Vincent Hamlin e o protagonista foi batizado de Alley Oop nos Estados Unidos. Mas ao desembarcar no Brasil, o homem das cavernas virou Brucutu.

Estes mesmos leitores mais veteranos também lembram com tristeza de outro brucutu. Um blindado do Exército que dispersava sem polidez as manifestações populares contra a ditadura nos anos 1960. Um veículo que, de uma forma ou de outra, também não deixava de ser pré-histórico.

O nome é tão simbólico que acabou batizando uma peça do Fusca, responsável pelo jatinho de água que limpava o para-brisa. A peça, cromada, ou não, era delicadamente roubada pela garotada fã da Jovem Guarda e transformada em anel "pra frentex". O anel brucutu.

Não à toa, o cantor Roberto Carlos fez um sucesso danado com o hit *Brucutu*, composto por Dallas Frazier para Alley Oop, mas que também ganhou versão tupiniquim, pelas mãos do letrista Rossini Pinto.

> Olha o Brucutu, Bru-cu-tu! Nas histórias em quadrinhos, das revistas, dos jornais… Olha o Brucutu, Bru-cu-tu! Há um tipo curioso e divertido até demais! Olha o Brucutu, Bru-cu-tu! O lugar onde ele vive todos sabem que é MU… Olha o Brucutu, Bru-cu-tu! Quem ainda não ouviu falar de Brucutu? Olha o Brucutu, Bru-cu-tu! Mora só numa caverna, dorme mesmo é no chão. Olha o Brucutu, Bru-cu-tu! O seu carro é um dinossauro e veste pele de leão. Olha o Brucutu, Bru-cu-tu! Anda muito bem armado, briga sempre com prazer. Olha o Brucutu, Bru-cu-tu! Traz consigo um machado e gosta mesmo é de bater."

OS 11 MAIORES VOLANTES DO FUTEBOL BRASILEIRO

Opa, aumenta o rádio!
Gosta mesmo é de bater?
Então só pode ser um volante ríspido e duro!
Porque apesar do anel enfeitar os dedos da juventude transviada, da música virar um sucesso nas festinhas e do próprio personagem, apesar das aparências e das brigas com os habitantes do reino adversário de Lem, ser um cidadão bacana....as moças de então também costumavam chamar de brucutu os rapazes com sensibilidade zero e grosseria dez. Cuspiu no chão, errou o português, portou-se de maneira bronca? És um brucutu!

E o brucutu foi parar no futebol

Conclusão: o brucutu passou a ser adotado pela crônica esportiva para definir aqueles volantes cuja principal característica era a destruição e o desarme, de preferência de uma forma viril, quase bruta, no limite da violência. Inicialmente, o apelido caiu de uma forma pejorativa. Afinal, a virada dos anos 1970 não trouxe os anos de chumbo apenas para o país. Com eles vieram os pés de chumbo à frente da zaga. Defensores que não tinham o pudor de acabar com a jogada adversária de uma forma mais virulenta. O importante era proteger a defesa a qualquer custo.

Mas é cruel culpar os brucutus pela repentina brutalização do futebol brasileiro e até mesmo mundial. Eles apareceram, ou melhor, eles ganharam espaço por causa da mudança tática e do novo jeito de jogar futebol. Para tristeza dos torcedores nostálgicos, se por um lado o progresso era positivo e o homem chegava à Lua emocionando a todos, por outro acabaram as partidas cheias de gols, os charmosos placares de 7 a 3, 4 a 4 ou 5 a 2. O importante, no futebol, passou a ser não tomar gol. E para isso, o famoso esquema 4-2-4 foi enterrado de vez. Nada de quatro atacantes.

Para piorar, ainda pensando com a cabeça dos torcedores românticos e nostálgicos, as pontas-direitas e esquerdas sumiram do mapa.

A evolução, ou retrocesso para alguns, fez com que hoje se encontrem times e seleções jogando com três ou até quatro volantes. Um deles sempre será um belíssimo e original brucutu. Porém, dependendo da alma do treinador e dos cartolas, podemos achar um meio-campo inteirinho formado de brucutus.

O jornalista Marcelo Outeiral é gaúcho. E os gaúchos cultivam a fama de ser a terra prometida dos brucutus. A origem e o destino. A gênese e a glória. Pois bem, Outeiral é um cidadão altamente consciente e atuante, procurando sempre denunciar ou curar feridas sociais. Pai carinhoso, gremista de berço, ele, poeticamente, ou ironicamente, para irritar os tais românticos do parágrafo anterior, argumenta:

– O torcedor evoluído, de bom-senso e consciente, consegue vibrar com um desarme excelente. Aplaudir uma roubada de bola feita com estilo. Delirar com um carrinho tecnicamente perfeito. Um pedaço do nosso coração precisa estar reservado sempre para as inesquecíveis jogadas dos brucutus – compõe Outeiral, sem esconder a admiração por um inesquecível brucutu do Olímpico. Dinho.

O inesquecível Dinho

Sergipano como Clodoaldo, Dinho, ou Edi Wilson José dos Santos, não tinha apenas Brucutu como apelido. Também era o Cangaceiro, o Guerreiro, o Xerife e o Coração Valente. Assim como muitos dos volantes inesquecíveis que precedem este capítulo, começou como meia-armador, mas acabou lá atrás, à frente da zaga. Era temido pelos adversários por jogar duro. Muito duro. Foi tricampeão da Libertadores, duas vezes pelo São Paulo e uma pelo Grêmio, além de bicampeão mundial com o tricolor paulista.

Nas quartas de final da edição de 1995 da competição sul-americana, estava no Grêmio participando da histórica goleada sobre o Palmeiras por 5 a 0. Um jogo em que resolveu ser brucutu dentro e fora de campo. Tentou dar uma cabeçada no palmeirense Válber, tomou um soco pelas costas, foi expulso junto com ele e, no anel externo do gramado, partiu para cima do rival com direito a uma tesoura voadora. Em suas entrevistas, nunca negou que era viril.

"Para assustar, eu alongava a perna deixando a sola do pé à mostra para o adversário. Assim ele já sabia o que o esperava", relembra em entrevista ao repórter Vinicius Simas, em matéria do portal *Pelé.Net*. E, sem perder o fôlego, completa, citando o jogador Kerlon, apelidado de Foca por possuir um drible inédito, em que jogava a bola para o alto e avançava fazendo embaixadinha com a cabeça: "Não pensaria duas vezes e tentaria chutar a bola. Se acertasse a cabeça dele, paciência". Isto é Dinho!

O problema (e que bom termos um problema) é que o brucutu também pode ser bom de bola. Chicão, do São Paulo, não aliviava ninguém. Seu estilo era chegar junto, nada de marcar por zona, para não deixar o meia adversário pensar no que fazer com a bola. "Ainda bem que Chicão era meu amigo", brinca Rivellino. Os críticos dos brucutus acham que a escalação deles é inversamente proporcional ao número de gols que o time fará. Chicão é um prato cheio para ilustrar essa teoria. Nos 11 jogos que atuou pela seleção brasileira, perdeu apenas uma vez, para o Paraguai, na Copa América de 1979, em Assunção. Entretanto, nas outras dez partidas, a seleção não goleou em nenhuma delas e fez, no máximo, três gols, contra o Peru, dentro da Copa da Argentina.

Nascido em Piracicaba, sinônimo da frase machista "futebol é para homem", o raçudo volante protagonizou duas cenas inesquecíveis que ficaram marcadas para sempre. Na final do Campeonato Brasileiro de 1977, jogando pelo São Paulo contra o Atlético-MG, no Mineirão, foi eleito um dos melhores em campo. Porém, depois de uma entrada fortíssima de Neca no meia Ângelo, do Galo, Chicão pisou na perna do adversário, que saiu com ela quebrada para o vestiário. Muito criticado, deu de ombros e vibrou com a conquista do primeiro Campeonato Brasileiro são-paulino. Um ano antes, num clássico contra o Palmeiras, conseguiu a façanha de receber um cartão amarelo antes de começar a partida, por ter ido intimidar o árbitro José Assis de Aragão.

Seriam os brucutus um claro exemplo de "ruim com eles, pior sem eles"?

Depois de Chicão, Jandir

De fato, eles vivem levantando taças. E, às vezes, fazendo as mocinhas suspirarem com sua fama de mau. O boa-pinta Jandir Bugs, gaúcho, começou a jogar futebol no mesmo quintal de Dunga, o Internacional. Porém, só brilhou no Rio de Janeiro, à frente de Ricardo Gomes e atrás de Romerito e Assis, no fortíssimo time do Fluminense que foi tricampeão carioca em 1983, 84 e 85 e campeão brasileiro em 1984 em cima do Vasco. Sob o comando do cavalheiro Carlos Alberto Parreira, levou para a Cidade Maravilhosa toda a sua virilidade e seu vigor gaúcho para atazanar a vida dos adversários. A ponto de, numa jogada mais dura, ter deixado o ponta Mauricinho, do Vasco, parado por quatro meses. Mas sabia lançar e sair jogando. Também chegou à seleção. Só que apenas cinco vezes.

Para muitos, a seleção tetracampeã do mundo, em 1994, tinha uma dupla de brucutus da mais alta qualidade. Mauro Silva era um exímio marcador e Dunga idem. Mauro, inclusive, tinha o físico do Brucutu dos quadrinhos. Forte, peitudo, cintura larga e pernas musculosas. Era excelente no passe lateral, viril e intimidador na marcação, mas nunca foi violento. Durante dez anos, de 1991 a 2001, ocupou a cabeça de área da seleção.

Numa consulta a duas redes sociais da internet, o resultado foi divertidíssimo. Em tempo real, foram chegando nomes de dezenas de jogadores que marcaram época por não levar nem drible nem desaforo para casa. Uma turma que jogava duro, mas que era a alegria dos torcedores que veem no futebol uma nova forma de guerra, civilizada, sem mortos. Mas onde é preciso imaginar-se soldado e se considera o adversário um inimigo letal a ser abatido na primeira trincheira. Será que é por isso que o sobrenome, ou apelido, Guerreiro se encaixou perfeitamente nos nomes dos volantes Marcinho Guerreiro e Charles Guerreiro?

E a lista não para.

OS 11 MAIORES VOLANTES DO FUTEBOL BRASILEIRO

Sandro Goiano, Fábio Santos, Caçapava...

Sandro Goiano e seus olhos que cospem fogo. Wilson Mano e a polivalência do brucutu capaz de oferecer seus préstimos na marcação e no desarme em outras posições do time. Fábio Santos e a vontade desenfreada dentro e fora do campo para defender seus pontos de vista. Mozart e o nome mais impróprio para alguém constar na lista de adoráveis e inesquecíveis brucutus. Fabinhos, Leandros e um campeão de citações. Caçapava.

Caçapava era o caçador do lendário time do Internacional bicampeão brasileiro em 1975 e 76. O nome era uma homenagem à cidade onde nasceu Luís Carlos Melo Lopes que, assim como Dudu, podia ter ganhado tranquilamente o apelido de carrapato. Ironia do destino, depois de parar, Caçapava foi instrutor de uma escolinha de futebol do 25º Batalhão de Caçadores, na fronteira entre Piauí e Maranhão. Em campo, foi o companheiro perfeito para Falcão e Paulo César Carpegiani poderem desfilar pelo campo. Jogou também no Corinthians, onde manteve a incrível qualidade de não desistir jamais. Caçapava era driblado, lá estava novamente Caçapava. Não sossegava enquanto não roubava a bola do adversário.

Hora dos nomes heterodoxos. Gralak, Valnei, Valdson e Merica. Merica não! Meriquinha para os íntimos.

Merica era um baiano com uma capacidade respiratória tão grande quanto o próprio nariz. Jogou no Flamengo na era pré-Andrade, e também no América, onde foi tema de vários trocadilhos (o Meriquinha do Ameriquinha, por exemplo), e no Sport Recife. Na marcação implacável, usava pés, mãos e agarrava sem piedade os que ousassem passar por ele.

São tantos brucutus queridos que dá para fazer um time no estalo. Zé Elias, Marcelinho Paulista, Bernardo, Doriva e Jailton; Marcio Costa, Ezequiel e Cadu; China e Pintado.

Brucutus que anulam craques

Curiosamente, vários jogadores são considerados brucutus por terem uma ou mais vezes anulado craques indiscutíveis. E a fama colou tão forte que o jeito era assimilar para não sofrer. Dois casos clássicos. Ademir Vicente, do Botafogo do Rio, marcava tão bem Zico que chegou a levar uma cotovelada do maior jogador rubro-negro de todos os tempos. E Baiaco, heptacampeão estadual pelo Bahia de 1973 a 1979, entrou para a antologia do futebol não por essas conquistas. Mas por ter impedido, com uma marcação implacável, em 1969, que Pelé fizesse o milésimo gol na Fonte Nova.

Tem brucutu que tem nome de brucutu. Ygor, ex-volante de Fluminense e Vasco, ainda em atividade, parece filosoficamente com o gigante de pedra do antigo desenho *Os Herculoides*.

Se é para falar de apelidos, nada supera o episódio de Nelson Patola.

Nelson Patola? Está no site www.supervasco.com, que não perdoa e assim define Nelson Domingues de Araújo:

> O volante Nelson foi contratado em 1995, após se destacar no Botafogo nos anos anteriores. Jogador alto e bom na bola aérea, pecava na falta de habilidade e no excesso de faltas cometidas. Nelson virou "Nelson Patola" após uma partida contra o Cruzeiro em que, após receber uma falta, retribuiu a "gentileza" com uma "patolada". O atleta adversário era o meio-campo Luís Fernando. O volante, apesar de não agradar a torcida em nenhuma partida já feita pelo clube, ficou por quatro temporadas na equipe do Vasco, conquistando um Brasileiro, uma Libertadores e um Carioca.

A tal "patolada" aconteceu numa vitória vascaína contra o Cruzeiro, no Mineirão, em 15 de outubro de 1995. E uma foto registrou o momento em que Nelson, com as próprias mãos, apalpa os órgãos genitais de Luís Fernando. Num meio machista, preconceituoso e gaiato como o futebol, Nelson foi obrigado a conviver com o novo sobrenome até o final da carreira.

Brucutus internacionais

O Brucutu Futebol Clube também tem representantes internacionais de respeito. O dinamarquês Thomas Gravesen, além de bravo em campo, ainda cultivava uma careca ameaçadora e um jeitão de Nosferatu ensandecido. Num treino do Real Madrid, trocou tapas com Robinho. Gattuso, Mancuso, Cocito, De Rossi, Gavillán, Simeone e Ambrosini também fazem parte dessa legião estrangeira.

Há quem diga que o brucutu é um operário da bola. Já outros, mais mordazes, consideram o brucutu o cara corajoso para fazer o trabalho sujo, a falta necessária, o bico para a frente, a coleção de cartões amarelos. Entretanto, já teve rei brucutu na história do futebol brasileiro. O Príncipe Zulu, apelido que Denílson, do Fluminense e da seleção de 1966, ganhou de Nelson Rodrigues. Segundo o jornalista Ariovaldo Izac, em artigo no site *Camisa 12*:

– A função de cabeça de área no futebol surgiu em 1964 e o primeiro jogador a exercê-la foi Denílson, um negro alto e forte. O inventor foi o treinador Élba de Pádua Lima, o Tim (já falecido), na época comandante do Fluminense, campeão carioca daquela temporada. A principal virtude de Denílson era o desarme. E por ter consciência da falta de habilidade, simplificava cada vez que "roubava" a bola do adversário, ao optar pelo passe curto para o companheiro mais próximo.

Torcedores históricos do Flu, acostumados a associar o clube a uma fidalguia capaz de receber do Comitê Olímpico Internacional a honraria da Taça Olímpica, em 1949, não gostam de ver Denílson como um brucutu, afinal o Zulu fez mais de 400 partidas pelo Flu. Sendo campeão brasileiro em 1970. Mas o próprio Nelson Rodrigues, tricolor até o fundo d'alma, no dia 24 de novembro de 1965, escreveu uma coluna na qual defendia a convocação de Denílson para a Copa de 1966 por causa da euforia destrutiva do cabeça de área tricolor. "Não será um virtuose, um estilista. Mas é um precioso, um maravilhoso destruidor. Não há, em todo o futebol brasileiro, nenhum outro craque com tamanha capacidade de tirar a bola do inimigo."

A lista continua com uma espécie de Denílson 2.0 do Fluminense. O volante Marcão era fôlego, raça e dedicação, mas também foi capaz de fazer um gol de bicicleta. Durante sete anos, caiu nas graças da torcida, sendo eleito o "símbolo da garra tricolor". Mas de tanto correr, correr e não ganhar um título de relevância, saiu do clube dividindo corações.

O termo cabeça de área acabou se tornando tão pejorativo quanto o brucutu. Lembra cabeça de bagre. E engana-se quem pensa que brucutu é cabeça de bagre. É preciso muito talento e dedicação para se entregar ao desarme e à marcação mais dura. Não é fácil só destruir. Não é mole ver os companheiros mais habilidosos receberem os aplausos e os louros da vitória.

Por isso é importante lembrarmos de Nasa, Gilmar Fubá, Dinho, Pintado, Delacir, Otacílio, Axel, Fabinhos e tantos outros. Você pode não gostar deles. Você pode adorá-los. Para alguém driblar, é preciso alguém para ser driblado. Para um contra-ataque maravilhoso acontecer, é necessário alguém lá atrás, diletante, corajoso e impetuoso para roubar a bola do ataque adversário.

O fato é que os brucutus fazem parte visceral da história do futebol brasileiro.

A eles o nosso aplauso.

Ou a nossa ojeriza.

Eles nem ligam.

Tostão e os brucutus

O dia 23 de setembro de 2007 pode ser profético. Naquele dia, foi publicada em vários jornais do país a coluna de Tostão. O craque da bola e das letras assim titulou o seu texto: "O fim dos brucutus".

Leia a seguir, alguns trechos da coluna e reflita:

> "Tempos atrás, era moda no futebol brasileiro jogar com um volante perto ou entre os zagueiros, às vezes com a única função de marcar individualmente um atacante para sobrar um defensor. Era o volante-zagueiro,

OS 11
MAIORES
VOLANTES DO
FUTEBOL
BRASILEIRO

geralmente ruim de zagueiro e de volante. A principal condição para ser um volante-zagueiro era ser botineiro."

O brucutu.
E continua Tostão:

> Isso tem mudado. Poucas equipes brasileiras atuam com o volante-zagueiro, que nunca existiu na Europa. A maioria dos técnicos brasileiros prefere hoje jogar com três autênticos zagueiros e dois alas ou com dois zagueiros e os dois laterais se alternando no apoio. Os bons volantes voltaram a jogar no meio-campo e alguns brucutus conseguiram uma vaga na zaga. Outros sumiram. Ufa!

Refletiu?

Denílson, o príncipe Zulu, garra e determinação rodriguianas.

HOMENAGEM
AOS BRUCUTUS

ENTREVISTA
ZÉ DO CARMO

"Salvem os Brucutus!
Todo treinador quer um
no seu time!"

Ele foi um dos primeiros personagens nacionais que sofreram na mão da turma do *Casseta e Planeta*. Era o fim dos anos 1980, o jejum de títulos mundiais da seleção incomodava o torcedor e o tema era um prato cheio para os humoristas. Conhecido pela firmeza nas entradas e fama de mau dentro de campo, Zé do Carmo foi convocado por Lazaroni algumas vezes. Acabou virando tema de inúmeras piadas feitas pela gangue do riso.

Na época, ele não gostou. Achou que poderia prejudicar seu futuro profissional. Mas Zé do Carmo passou por cima de mais essa dificuldade e venceu na vida. Ídolo no Santa Cruz, onde começou a jogar futebol, foi comprado pelo Vasco e teve que provar no Rio de Janeiro ser capaz de integrar o meio de campo titular do time de São Januário. Não só se firmou, ao lado de jogadores talentosos como Geovani, Bismarck e William, como levantou a taça de campeão brasileiro de 1989, em pleno Morumbi, como capitão da equipe.

Franco, divertido e muito gente boa, Zé do Carmo assume-se como um legítimo brucutu. E não se furta em dizer que os treinadores fazem jogo de cena quando dizem que não precisam de um no time. Para ele, é vital taticamente haver um jogador de destruição, que possa ser capaz de amedrontar os craques engraçadinhos e pôr ordem no recinto.

Suas histórias nos levam para um tempo em que a camaradagem fora de campo não significava beijos e abraços dentro. Nostálgico, Zé prefere usar o termo cabeça de área ao de volante. E lembra, rindo, que quando foi jogar em Portugal, descobriu que volante, na terrinha, é *trinco*. Um nome bem ilustrativo para uma posição responsável por não deixar ninguém passar rumo ao gol.

Você ficava bravo quando era chamado de brucutu?
Que nada, eu achava até bom. Porque dentro do campo, esta fama acabava me ajudando. Certa vez, num Vasco x Flamengo, dividi forte uma jogada com Renato Gaúcho, que foi ao chão. Fui lá e meti o dedo na cara dele. Imagina, eu baixinho, e ele, aquele gigante forte para caramba. E eu gritava falando: "Aqui é f.. Ninguém passa. Vai se f.". E ele me respeitava. Ser brucutu me ajudou a ganhar muita bola no grito! É o símbolo do machão. Mas para a posição não há apelido melhor. Para impor respeito.

Lembre de outras "brucutices"…
Eu sempre soube que o brucutu é aquele cara todo fortão, bravo, e se alguém encostar na mulher dele, é confusão certa. Só que eu sou muito carinhoso com minhas namoradas, hein? Bom, durante a minha carreira, marquei Raí, Zico, Careca… e todos depois viraram meus amigos, mas só viraram porque não estavam fazendo graça em cima de mim. Uma vez, no Campeonato Pernambucano, o Baiano, do Náutico, deu um lençol e saiu para a grande área. Fui atrás, derrubei e pisei na cabeça dele! No dia seguinte, não é que ele me encontra na rua e me manda encostar o carro. Baiano me mostrou a cabeça e tinha um galo enorme. "E você ainda diz que é meu amigo", reclamou. O jeito foi pagar uma cerveja para ele. Teve outra com o Enágio, do Sport. Forte, rápido, certa vez ele partiu para o meu gol, eu tentei dar uma rasteira, não consegui, segurei e nada. Aí fiz igual nas vaquejadas, deitei ele igual a um boi e me pendurei no negão. Fui expulso, mas o jogo foi para os pênaltis e ganhamos do Sport.

No Vasco, você desarmava para jogadores como Geovani, Bismarck, William criarem. Era frustrante fazer o papel sujo?
Não. Porque desarmar era o meu forte. E me sentir útil e importante para o time era ótimo para mim, principalmente por ter vindo do

HOMENAGEM
AOS BRUCUTUS

Santa Cruz e ter que mostrar o meu valor. Mas, ao mesmo tempo que eu destruía, eu observava como eles jogavam. No Santa Cruz, por eu ter começado lá, eu me atrevia a passar a linha desses homens. No Vasco, sempre fui muito disciplinado taticamente, eu sabia que não podia ir além. Eu era o homem do primeiro combate. Meu primeiro treinador foi Lazaroni, depois vieram Zanata, Alcir, Nelsinho, Lopes. E destes todos, Antonio Lopes era o que mais me proibia avançar. Aí um dia, contra o Rio Branco, pela Copa do Brasil, eu fui embora para o ataque e o Lopes, do banco, me xingando e mandando eu voltar. Fiz o gol, fui até ele e disse "é seu, professor". Ele agradeceu, mas falou para eu parar com aquilo. No segundo tempo, lá fui eu de novo, ele me xingou, e não é que eu fiz o segundo gol? Foi incrível. O dia em que o brucutu brilhou! Mas normalmente, quando éramos atacados, eu não podia passar da intermediária. E quando atacávamos, eu tirava por base o grande círculo como minha fronteira final.

A turma Casseta e Planeta *brincou demais com a sua passagem na seleção. Isso lhe magoou?*
Eu sempre levei a profissão muito a sério. Esse tipo de brincadeira eu não gostava, porque eu tinha muitos concorrentes e isso podia prejudicar. Tinha um nome a zelar. E isso agia no subconsciente da imprensa e torcedores, podia virar uma caixa de ressonância. Logo quando eu estava querendo meu espaço, iam me encarnar? Mas eu sabia que não iria longe na seleção, porque Dunga e Alemão iriam voltar da Europa de qualquer forma. Hoje, quando eu vejo as piadas com Barrichello, penso comigo, "caramba, já passei por isso".

Você sempre foi um brucutu?
Eu era meia-esquerda, e por incrível que pareça, driblava muito. Porém, para sobreviver no futebol, eu tive que ir para a cabeça de área. Não tinha tranquilidade na hora que chegava perto do gol. Aí um amigo meu, Pedrinho, ex-jogador do Bangu e Corinthians, e que era auxiliar no Santa, me colocou na cabeça de área. Até hoje eu não deixo ele pagar nenhuma conta quando almoçamos. Salvou minha vida profissional. Curiosamente, quando fui para Portugal, disse que

era cabeça de área. E eles me encarnaram, dizendo que área não tem cabeça. E lá eu seria o *trinco* [volante]. Mas acabei sendo meia.

É uma injustiça do futebol? Já que, para alguém criar, alguém tem que destruir?
O torcedor reconhece o nosso valor, pois vê que tudo começa com o cabeça de área. O jogo recomeça com a gente, que rouba a bola e inicia o contra-ataque. Quem tem dois bons volantes no futebol de hoje, certamente fará boa campanha em qualquer campeonato. Eu, particularmente, sempre gostei de desarmar e tocar curto. Não aparecia para o jogo, mas era de importância muito grande. Teve jogo que passei 15 minutos sem tocar na bola. Ora, mas quem eu estava marcando também estava sem tocar na bola, e era o Bobô, no São Paulo.

Os brucutus sobrevivem por causa dos técnicos?
Tem muito do treinador sim. Eu fiz um jogo contra o Flu, e os nossos laterais eram Cássio e Paulo Roberto. E o Alcir Portela me ordenava para não passar do meio de jeito nenhum. Eu já fazia uma função de terceiro zagueiro, sem as pessoas perceberem. Os próprios treinadores não queriam que eu passasse. Mas existe uma questão histórica e tática. A saída dos pontas acabou com jogadores nos extremos, aí você congestionou o meio de campo, então é preciso marcar ainda mais este setor.

Numa consulta às comunidades de redes sociais, como twitter, orkut, apareceram nomes considerados brucutus. Gente como Jandir, Dinho, Cocito, Wilson Mano, Simeone, Merica, Amaral, Mauro Silva…
Nossa Senhora, essa lista está boa demais! Mas o Cocito não era brucutu, era um assassino com tacape! O Jandir a gente nem se atrevia a ir lá cumprimentá-lo. Dinho era um brucutu com um toque de bola melhor. Wilson Mano era o brucutu coringa. Simeone só não mostrava os dentes na hora de bater. Merica, socorro, a gente tinha raiva porque ele batia demais. Uma vez fui dar um soco na barriga dele, mas errei e acertei o Ricardo Rocha. O Amaral foi melhorando com o tempo e o Mauro Silva, no Bragantino, intimidava mesmo.

Para você, o volante clássico ainda tem lugar?
Não tem jeito. O verdadeiro brucutu tem que existir sempre. Vai
ver como a "zagueirada" adora ter um de estimação. A característica
do toque refinado precisa ser sempre a do armador. Se o Dino
Sani jogasse hoje, por exemplo, estava morto, pois era um gênio,
elegantíssimo no passe e avançadas, mas na marcação teria
problemas seriíssimos.

*Mas vários analistas falam que a era dos brucutus está terminando, pois
a tendência é você ter quatro volantes leves no meio de campo.*
Eu duvido! Todo treinador quer um brucutu no time. Não adianta
falar bonito, dizendo que com ele o time tem que jogar, que é
ofensivo. A maioria não quer perder o emprego. E não abre mão de
um brucutuzinho ali à frente da zaga. Eu não abri mão quando fui
treinador. E alguns treinadores, se pudessem, teriam dois brucutus
logo de uma vez. Isso não é contra o romantismo do futebol, muito
menos sou adversário da poesia em campo. Mas tem que ter alguém
para roubar a bola. E o brucutu tem que existir. Vai ter sempre
espaço. Sempre guardando a posição, e com dois caras talentosos,
que pensem melhor que ele, ao seu lado. Salvem os brucutus!

*Você concorda com a lista feita neste livro dos melhores volantes do futebol
brasileiro?*
Está muito boa. Perfeita. São foras de série que brilharam numa
posição cheia de brucutus! Talvez tenha faltado Juca Show, do
América-MG e Náutico. Fez um meio de campo inesquecível no
Recife, com Vasconcelos e Jorge Mendonça. (O mesmo Vasconcelos
citado na entrevista dele que foi para o Palmeiras, mas desistiu
de ficar por causa da dificuldade em barrar o Dudu.) Certa vez
ele tabelou com o cabeça de área contrário e quase fez gol. Era
Givanildo. Aliás, outro que merece ser citado. Muito técnico e
habilidoso. Mas a lista está perfeita. Concordo com todos eles. E de
todos, Falcão é o indiscutível. Se bem que, se eu tivesse feito metade
que o Cerezo fez na vida, tinha jogado a vida toda no Barcelona!

OS 11 MAIORES VOLANTES DO FUTEBOL BRASILEIRO

Dunga foi o mais polêmico, pois muitos disseram que ele também era um brucutu.

E era mesmo. E qual o problema em ser? Quando a seleção precisou de organização, ele apareceu, mostrando ser capaz de potencializar o coletivo do grupo. Falava muito, tinha força, vou te contar, se eu tivesse a musculatura do Dunga, tinha dado muito mais tapa nos que se engraçavam! Pense bem, quantos cabeças de área não passaram a jogar de forma diferente depois do surgimento do Dunga? Ele foi e é uma referência até hoje.

Você quebrou alguém?

Graças a Deus não, mas queria ter quebrado! [risos] Brincadeira. Mas vou te contar uma que me deixou envergonhado até com meu pai. Vasco x Flamengo no Maracanã, a gente jogando no lado da torcida rubro-negra. O Zico mata a bola, eu já sabia que ele sempre virava para a direita e fui lá me antecipar. O Galinho girou, foi para a esquerda e eu caí sentado no chão. Os flamenguistas riram sem parar. Segunda-feira, meu pai me ligou e perguntou: "filho, como é que você deixa uma coisa dessas?". Eu respondi: "Era o Zico, pai, era o Zico". Aí não tem jeito...

Brucutu também levanta taça. Zé do Carmo foi campeão brasileiro em 1989.

Bibliografia

AGOSTINO, Gilberto. *Vencer ou Morrer*: futebol, geopolítica e identidade nacional. Rio de Janeiro: Mauad, 2002.

ASSAF, Roberto; NAPOLEÃO, Antonio Carlos. *Seleção brasileira: 90 anos*. Rio de Janeiro: Mauad, 2004.

BUENO, Eduardo; BUENO, Fernando. *A América aos nossos pés*: 25 anos de uma Libertadores de verdade. Porto Alegre: Virtual Livros, 2008.

DIÁRIO LANCE. *Enciclopédia do Futebol Brasileiro*. Rio de Janeiro: Areté Editorial, 2002.

EMÍLIO, Paulo. *Futebol*: dos alicerces ao telhado. Rio de Janeiro: Oficina do Livro, 2004.

FONDAZIONE MILAN. *Milan 18*: il club più titolato ao mondo. Milão: Ear Books, 2008.

HENFIL; SOUZA, Ivan Cosenza de. *Urubu e o Flamengo*. São Paulo: Editora 34, 1996.

JAL; GUAL. *A história do futebol no Brasil através do cartum*. Rio de Janeiro: Bom Texto, 2004.

PEPE, José Macia. *Bombas de alegria*: meio século de história do canhão da Vila. São Paulo: Realejo, 2006.

MATTOS, Hilton. *Heróis do Cimento*: o torcedor e suas emoções. Rio de Janeiro: Revan, 2007.

NOGUEIRA, Renato. *Raul Plassmann*: histórias de um goleiro. São Paulo: DBA, 2001

POMPEU, Renato. *Canhoteiro*: o homem que driblou a glória. Rio de Janeiro: Ediouro, 2003 (coleção Avenida Paulista).

RODRIGUES, Nelson. *O profeta tricolor*: cem anos de Fluminense. São Paulo: Companhia das Letras, 2002.

SANTANA, Jorge. *Páginas Heróicas*: onde a imagem do Cruzeiro resplandece. Belo Horizonte: DBA, 2003.

SANTOS, Joaquim Ferreira dos. *Feliz 1958 – o ano que não devia terminar*. Rio de Janeiro: Record, 1997.

ZICO; ASSAF, Roberto; GARCIA, Roger. *Zico – 50 anos de futebol*. Rio de Janeiro: Record, 2003.

WALKER, Brian. *The Comics*: before 1945. New York: Harry Abrams, 2004.

OS 11 MAIORES VOLANTES DO FUTEBOL BRASILEIRO

Páginas da internet

Site oficial do Santos: <http://www.santosfc.com.br>.

Pelé Net: <http://www.pele.net>.

Site oficial do Flamengo: <http://www.flamengo.com.br/flapedia>.

Site oficial do Milan: <http://www.acmilan.it>.

Site oficial do Palmeiras: <http://www.palmeiras.com.br>.

Site oficial do Cruzeiro: <http://www.cruzeiro.org>.

Site oficial do Atlético-MG: <http://www.atletico.com.br>.

Site oficial do Dunga: <http://www.capitaodunga.com.br>.

O autor

Sidney Garambone, carioca, formou-se em jornalismo pela Universidade Federal do Rio de Janeiro (UFRJ), onde aprendeu as técnicas da profissão mas formou-se frustrado por não conseguir vencer nenhuma partida contra a Faculdade Hélio Alonso. Foram três empates.

Mestre em Relações Internacionais pela Pontifícia Universidade Católica (PUC), trabalhou na mídia impressa nos jornais *Tribuna da Imprensa*, *Jornal do Brasil*, *O Dia*, *O Globo* e na revista *IstoÉ*. No jornal *O Globo*, protagonizou um feito heroico: jogando pelo time do Segundo Caderno, conseguiu uma vitória inédita na história sobre os craques da editoria de Esporte. Nunca houve revanche.

Está na TV Globo desde 1999, na qual foi chefe de reportagem, editor-chefe do telejornal *Globo Esporte* e, desde 2007, comanda o *Esporte Espetacular*. Já foi a duas Copas do Mundo como jornalista – França 1998 e Alemanha 2006 –, e a uma como torcedor mochileiro, Itália 1990. Cobriu também a Olimpíada de Pequim, em 2008. Atua ainda como comentarista do canal SporTV.

Seu maior prêmio foi uma medalha como melhor lateral-esquerdo de um torneio de várzea, jogando pelo saudoso Delta Futebol Clube. Nunca mais esqueceu tal honraria.

GRÁFICA PAYM
Tel. (011) 4392-3344
paym@terra.com.br